北京地域特色农产品集萃

邓 蓉　欧阳喜辉　佟亚东　张 乐　著

中国农业出版社

前言

人类与乡村总有一种亲近感，如果不为工作只为休闲，人们走进乡村会不知不觉放松身心，或是回忆起孩提时代自由自在的时光，或是回忆起旧时那清苦的生活，进而体味到今日的富足。孩子们走进乡村更像是走进了没有围墙的公园，他们会自由的奔跑，带着那份孩子的好奇心去参与乡村的所有事情：看看屋顶的烟筒、看看农家烧火做饭、翻一翻堆放的各种农具、躺在场院上晾晒的粮食堆里晒太阳、爬到树上摘一些也许还未成熟的果子……

人的感觉有时显得很怪异，吃市场上买回来并清洗干净的海棠不会留下多长久的记忆，但对于在山里的海棠树下随手摘着吃的海棠却记忆深刻，每当海棠花开时就会想起。海棠是一样的，但吃海棠时的环境不同、心境不同，结果就产生了记忆里的“不同滋味”。这“不同滋味”能愉悦人们的身心、丰富人们的情感、引发人们的思乡之心……

同样，当人们在乡下包了一分地，周末有时间去种种菜，结果就对餐桌上的饭菜有了不一样的看法，体会过耕耘的艰辛与乐趣之后，孩子们会懂得珍惜每一片菜叶、每一粒粮食，这就是最好的“食农教育”。插过秧的人会珍惜每一粒米，种过田的人会珍惜每一点粮食，培养全社会珍惜食物、节约粮食的意识，对于今天的社会意义重大。

国家主席习近平曾讲过，乡村要“看得见山，望得见水，记得起乡愁”。“乡愁”潜藏在每个人的心底，一旦有机缘巧合被唤醒，“乡愁”就会如甘露一般沁润人们的心田，唤醒每个人心中的那份纯真、那份质朴、那份恬淡、那份诚恳……乡村休闲能让人暂别那城市的喧嚣、人际的纷争、竞争的压力、相互间的攀比、无休止的财富追求。到乡间去体味“乡愁”，放松身心、减轻压力，感受乡土风情，体会天伦之乐，反思日常忙忙碌碌的生活，调整人生的方向，获得生命发展的正能量。

北京作为我国六个超大型城市之一，聚集的常住人口超过2 000万人、流动人口超过800万人，城市拥挤、人口密集、竞争压力大，这使得各行各业的人们常常被莫名的精神压力和精神紧张所困扰，而乡村休闲正是人们短暂的放松身心、恢复精神活力的良好途径。北京的乡村有青山绿水、有丘陵沟壑、有田园风光，有具有地域特色的农产品资源，有大量的乡土民俗旅游资源，这些为北京发展休闲农业与乡村旅游提供了绝好的基础条件。

《北京地域特色农产品集萃》以图文并茂的方式向人们介绍北京乡村的地域特色农产品资源、独特的乡土民俗旅游资源和京郊现代农业的发展进程，希望能引导人们深入体味北京乡村的独特物产、悠远的村镇历史、热闹的节庆活动和美好的乡村风光。

《北京地域特色农产品集萃》在北京百余个已经登记在册的地域特色农产品中选择了20种加以介绍，挖掘这些地域特色农产品中所蕴含的地域特点和文化内涵，使生活在北京的人能通过地域特色农产品更多地了解北京的乡村物产、乡村历史和乡土文化，在人们的记忆中也能增添一份关于北京的“乡愁”记忆。

《北京地域特色农产品集萃》在编写过程中得到了北京农学院、北京市绿色食品办公室、北京新农村建设研究基地、海淀区农科所、门头沟区农业局、房山区农村工作委员会、大兴区种植业服务中心、平谷区果树办公室、密云区农委、延庆区农委等单位的支持和帮助，在此一并表示感谢。

编者

2016年3月

目录

一、京西稻

（一）京西稻资源特点概述

1. 京西稻资源特点及品质特色

北京海淀区的京西稻最早种植于玉泉山脚下，在清康熙年间，海淀水稻种植已初具规模，海淀镇、六郎庄、北坞、功德寺、青龙桥等地已经有大面积连片种植，在黑龙潭、温泉、万寿寺等地也有少量的水稻种植。由于海淀区当时的水质很好，因而种出的稻米品质极佳，一直享有“京西稻米香，炊味天知晌；平餐勿需菜，可口又清香”的美誉，曾被清朝皇宫定为“御用稻米”。

随着历史的变迁，京西稻种植逐渐向海淀区的西北部转移。新中国成立以后，海淀区京西稻的种植面积曾一度有达到0.67万公顷。京西稻品种属粳稻亚种，颗粒圆润，晶莹明亮，米粒中心白和腹白情况极少，米粒油性大，其中的蛋白质含量很高，蒸成米饭香甜细嫩、松软可口，尤宜煮粥，粥汤澄滑、香气四溢、米粒不散。

近20多年来，随着海淀区城市化进程的加快，京西稻的种植面积越来越小，曾到达濒危的程度。近几年来，特别是随着2009年京西稻被列入“海淀区农耕文化遗产”以来，海淀区意识到保护当地农耕文化遗产的重要性，由此开始逐步恢复京西稻的栽植，开辟了京西稻种植基地，并有意识地兴办与稻作相关的各种农事文化活动，比如每年都有京西稻的“插秧节”“收割节”。这些举措使得京西稻这一农耕文化遗产得以保护并持续发展。为了更好地保护和传承这一农耕文化遗产，海淀区已经筹划申报“京西稻国家级农耕文化遗产”。

海淀区北坞公园栽种的京西稻

向市民开放的京西稻“插秧节”

军民共建的京西稻“收获节”

2. 京西稻生长区域特点

海淀区京西稻核心种植区域的地理标志地域保护范围包括：上庄镇的东马坊村、西马坊村、常乐村、上庄村，地理坐标为：北纬40°07′～40°12′，东经116°03′～116°24′。

即将成熟的京西稻

京西稻的核心产区在海淀区上庄镇西马坊村一带，紧邻生态环境完好的翠湖湿地，与海淀上庄水库仅咫尺之遥，京西稻的灌溉全部使用上庄水库的水。上庄水库水质良好，含有丰富的藻类，具有一定的肥力，常年用于京西稻的灌溉。当地土质肥沃，土壤有机质含量较高，灌溉水质好，而且水温平稳、水温与气温差异小，适合于京西稻的生长发育。在种京西稻的农田里，一直有北京罕见的白鹭鸟栖息，这种鸟专门捕食稻田害虫，因此京西稻田从不使用农药除虫。稻田施用的肥料都是经过发酵的牛粪或马粪等有机肥，每次施肥之前都要进行严格的检测，在确保有机肥料符合安全标准之后才进行田间施肥。

海淀区上庄镇的京西稻观光园

3. 京西稻的生产历史

北京稻作历史源远流长。据史料记载：地肥水美的海淀，在三国时期就开始建渠种稻，至今已有1 700多年的历史。据《三国志》记载，魏齐王曹芳嘉平二年，刘靖在漯河（今永定河）上拦水修坝，建造车厢渠，“灌溉蓟（城）南北，三更种稻，边民利之。”直至元代水利学家郭守敬开通通惠河之后，充足的水源很好地保障了北京地区水稻的生长，河岸两边的农民才开始大面积种植水稻。

在1692年康熙皇帝南巡之后，曾将带回来的稻种在玉泉山试种，这就是京西稻种植的开始。据传说，康熙皇帝在巡视稻田时，发现了一株鹤立鸡群的稻子，它“高出众稻之上”，而且颗粒已经成熟。康熙皇帝喜出望外，把它作为种子加以收藏。到第二年试种，果然又于6月早熟。这种早熟的新稻米色微红、气香味腴。因为稻种产自康熙皇帝自种的御田，又是康熙皇帝亲自发现和选育出来的，所以人们称之为“御稻米”。

在《几暇格物编·御稻米》篇中，记载了康熙皇帝自己的农耕实践。书中记述了他将南巡带回来的稻种试种在玉泉山下，但这种在南方可以一亩收三四石的稻种，到了玉泉山下一亩只收了一石。这足以证明康熙皇帝亲自参与了京西稻的选育。京西稻发展至乾隆朝后期，种植已达到一两万亩。历经康熙、雍正、乾隆三代130多年的稻作经营，也就完成了京西稻南稻北栽的全部发展过程，并由此形成了独特的皇家“御稻米”稻作文化，即京西稻作文化。

从20世纪50年代开始，京西稻由国家统一收购，并上调到专门的仓库保管。种植京西稻的上庄镇村民除了每人一年分一点大米作口粮并留点种子之外，其他的京西稻米全部上缴到国家粮库。在70年代，京西稻的生产受到国家的重视。80年代，京西稻的种植面积达到了顶峰，当时种植面积有0.67万公顷。此后随着海淀区城市化进程的加快，京西稻的种植面积呈现逐年减少的趋势。进入21世纪，随着北京城市人口的不断增长，北京水资源供需矛盾日益突出，京密引水渠不再供应农业灌溉用水，海淀区京西稻的种植面积急剧减少。如今海淀区的京西稻仅剩133.33公顷，并且成为了北京近郊区的最后一片稻田。

海淀区现存的京西稻农田

4. 京西稻的营养价值

京西稻的糙米含有8种氨基酸、16种矿物质、21种维生素，能给人提供更完善的营养。糙米包含了胚芽，而胚芽含有碳水化物、脂肪、粗蛋白、纤维、多种维生素、尼古丁酸、叶酸、多种矿物质以及酵素类物质等，这些物质对于人类的健康都大有益处。

（二）京西稻的传说

京西稻源自1692年康熙皇帝南巡带回来的稻种，通过康熙皇帝亲自参与了京西稻的选育，历经康熙、雍正、乾隆祖孙三代130多年的稻作经营，完善了京西稻南稻北栽的全部发展过程，也形成了独特的皇家“御稻米”稻作文化。这种早熟稻因长自皇家御苑而名“御稻米”，色微红而粒长，气香而味腴。御稻（京西稻）育成后在几十多年内都只作为内膳用米，民间无从得此种。

康熙皇帝在《几暇格物编·御稻米》篇中，还记载了在热河行宫试种水稻的事情。康熙四十二年，热河行宫（即今承德避暑山庄）落成。承德以前种不了水稻，因为这里的无霜期短，天气寒冷。康熙皇帝命人在行宫御瓜圃的东北部低洼处建一方稻田，将御稻种从北京的丰泽园移植到这里，取得理想的结果是“唯此种可以白露前收割”。到康熙五十二年，热河行宫被正式更名为避暑山庄。这时的御瓜圃所收稻米“每岁避暑用之尚有盈余”，这样中国就结束了长城以北不种水稻的历史。京西御稻也被视为世界良种编入《动物和植物在家养下的变异》。京西御稻的种子现在中国农业博物馆还存有标本。

京西稻的稻米香气浓郁、粒饱籽大、颗粒圆润、晶莹透亮

相传，京西稻的主产位于海淀区的功德寺、六郎庄、蛮子营、黑龙潭等地，其中以六郎庄村最为有名。海淀区六郎庄在今天的万柳区域之内，现在的海淀公园就建在六郎庄之上。六郎庄曾有“京西第一村”之美称，因为其在清代曾是京西稻的试验

区，曾有几百顷御稻田，皇宫每天要吃一顷稻田的御稻米。还有史料记载，慈禧太后每次传膳都要128道菜肴，而京西稻则是她指定的白米饭专用稻米。

水质对稻米好坏的影响很大。传统的京西稻是用玉泉山的山泉水源来灌溉，旧时玉泉山泉水水质很好，可以直接饮用，就与今天的矿泉水一样。京西稻属粳稻亚种，香气浓郁、粒饱籽大、颗粒圆润、晶莹透亮，这是京西稻的特点。米饭软而不黏，香甜细嫩，在民国年间京西稻的稻米就价格不菲，100千克一袋的稻米，当时的市价是18块银圆。

（三）京西稻未来的发展前景

1. 产品质量认证情况

2008年京西稻农业标准化示范区成为第六批国家级京西稻农业标准化示范重点项目。示范区通过种子标准化、生产资料标准化、生产技术标准化等手段确保大米安全健康。同时水稻生产还巧妙地与旅游、科普、休闲等项目紧密结合，拓宽了京西稻产业链，提升了京西贡米的品牌影响力和知名度，增加了产业的附加值，提高了农民收入。2009年淀玉牌京西贡米经中国绿色食品发展中心审核认定，被评为绿色食品A级产品。2013年启动了京西稻地理标志登记申请工作，使京西稻的唯一性得到认可，2014年年底通过了农业部农产品地理标志登记审核，进一步提高了京西稻的知名度。

2. 品牌化建设情况

自2011年以来，海淀区大力保护和推广京西稻文化，设立京西稻耕读文化园，举办插秧节、收割节等活动，吸引了大批市民前来休闲体验。2014年举办了第四届京西稻农耕文化节开幕暨“胭脂米”播种回归仪式，主要通过报刊、网站、电视台媒体宣传京西稻厚重历史文化，并开展体验插秧、稻田垂钓、儿童夏令营、参观京西稻前世今生文化展及品尝京西贡米粥、农庄定制产品配送服务等休闲体验活动，进一步提升了京西稻的知名度和品牌影响力。

3. 消费趋势与市场潜力

因海淀区城市化发展大势所趋，京西稻在海淀区的发展面积增长潜力不大。因而拟以恢复传承保护为导向，以提升京西稻品质为核心，以稻田生态景观与标准化生产为着力点，对接海淀北部“生态绿心”建设，划定西马坊村为京西稻永久性基本农田保护区，实施五大工程，到2020年发展至133.33公顷规模高标准生态景观稻田，以京西稻恢复保护传承为导向，突出“提品质、促产业、

树品牌、传文化”的发展思路。有机融合传统农耕文化与现代农业科技，打造集优良生态环境、优美田园景观、优质水稻产品于一体的优秀农耕文化展示园，实现农业与加工、旅游、文创等二、三产业高度融合和协调发展的目标。

（四）交通情况与最佳观光时节

1. 公交车路线

（1）303路（地铁4号线北宫门—北大资源学院）。

（2）512路、575路（地铁4号线地铁安和桥北—北大资源学院）。

下车后向北约1公里，见加油站后，左转至西马坊路，见御稻苑指示牌。

2. 自驾车路线

（1）北清路—上庄路往北—北大资源学院，向北约1公里见加油站后，左转至西马坊路，见御稻苑指示牌。

（2）沙阳路—上庄路往南—过上庄水库大桥，向南约2公里见加油站后，右转至西马坊路，见御稻苑指示牌。

3. 休闲观光的最佳时节

御稻苑（原稻香小镇）拥有设施完备的现代化客房，既保证游客居住便捷舒适，又保留了田园特色。客房外部与环境融为一体，充满田园气息。

每年4月初到11月末，可以林下踏青，观稻海，闻稻香，认养体验；也可以参加插秧季、收割季农事体验活动，还可以稻田摸鱼、钓虾和钓蟹。

二、花叶心里美萝卜

（一）花叶心里美萝卜资源特点概述

1. 资源特点及品质特色

心里美萝卜属根菜类，十字花科，一、二年生草本植物，原产我国。北京心里美萝卜有上百年的栽培历史，是北京郊区的传统特产。海淀花叶心里美萝卜是我国著名的水果萝卜品种，不仅闻名于全国，而且在国际上也享有一定声誉。

海淀区四季青、八里庄和羊坊店生产的花叶心里美萝卜最为著名。该地区属于永定河冲积扇沙质壤土分布地区，土质对根菜类蔬菜生长十分有利。随着海淀区城市化进程的加快，在八里庄和羊坊店一带现在已无花叶心里美萝卜种植，其种植区域已经向海淀区的西部和北部转移。海淀区出产的花叶心里美萝卜以色泽鲜艳、甜嫩酥脆、落地易碎而著称。

花叶心里美萝卜雕刻出的萝卜花

海淀花叶心里美萝卜最适宜在沙壤土中种植，施用优质、腐熟的有机肥，使用生物农药来防治病虫害，以确保产品安全。

成熟的花叶心里美萝卜有1/2以上露出地面，上部淡绿色，下部为白色；肉为鲜艳的紫红色，艳丽如花，极惹人喜爱。萝卜体长12 ～ 15厘米，横径为10 ～ 15厘米，单个重500 ～ 700克，最大萝卜重量的可达1 300克。花叶心里美萝卜皮薄、肉脆、汁多、口感酥脆、糖分含量高，是北京冬季的优良生食蔬菜。

成熟的花叶心里美萝卜有一半以上是露出地面的

花叶心里美萝卜的植株外观

2. 生长区域特点

目前，海淀花叶心里美萝卜主要分布在海淀区的西部和北部。具体的地理标志地域保护范围包括：苏家坨镇北安河村、南安河村、草场村、周家巷村、聂各庄村；温泉镇白家疃村、温泉村、杨家庄村；西北旺镇冷泉村、韩家川村；上庄镇上庄村、常乐村、东马坊村、西郊农场；四季青镇香山村（1街坊、2街坊）。其地理坐标为：北纬39°93′～40°15′，东经116°08′～116°30′。

3. 花叶心里美萝卜的生产历史

花叶心里美萝卜在海淀地区的种植历史已有几百年，据清《康熙宛平志》物产篇记载“萝卜有红白水旱之分”。在清朝时期，海淀花叶心里美萝卜曾经一度成为皇家贡品，曾深受慈禧太后的喜爱。民间“心里美萝卜赛过梨”的说法就是源于宫廷和老百姓对于花叶心里美萝卜的喜爱。

经过储存后的花叶心里美萝卜色泽依然鲜艳诱人

4. 花叶心里美萝卜的营养价值

海淀花叶心里美萝卜营养丰富。据测定，每100克花叶心里美萝卜含碳水化合物5.7克、钙44毫克、磷40毫克、铁0.5毫克、维生素C 34毫克、维生素B_1 0.03毫克，另外还含有维生素B_2、钙、磷、铁等营养成分。

花叶心里美萝卜具有生津止渴、顺气消食、化痰止咳的功效，在冬季食用效果更佳。花叶心里美萝卜富含花青素，近年来，医学界对于花青素的研究愈加深入，认为花青素具有改善血液循环、保护心脏的作用，还具有一定的抗衰老和防癌作用。

海淀花叶心里美萝卜适于生食，可当作生食蔬菜，也可当作鲜食水果，更是饭店厨师用来进行菜品雕刻的好材料。

海淀花叶心里美萝卜色泽艳丽，富含水分，食用后能增加食欲，开胃败火，在一定程度上具有保健的功效。随着消费者对其品质特色认识的不断深入，市场需求量会不断增加，其栽培面积也会越来越大。

大田栽种的海淀花叶心里美萝卜

（二）心里美萝卜的北京风情

著名作家汪曾祺在《萝卜》一文中有这样的描写："心里美萝卜是北京的特色。1948年冬天，我来到了北京，街头巷尾，每听到吆喝：'哎……萝卜……，赛梨来……辣来换……'声音高亮打远。萝卜都是一个一个挑选过的，用手指头一弹，当当的；一刀切下去，咔嚓嚓的响。"由此足见在20世纪40年代花叶心里美萝卜在北京人生活中的地位，当时就连走街串巷卖萝卜的吆喝声都是那么独具地方特色。

如今，在一般的菜市场里买一个花叶心里美萝卜，恐怕再也感受不到汪曾祺先生在几十年前北京街头体味到的那种老北京的风情了。

（三）花叶心里美萝卜发展前景

海淀花叶心里美萝卜适应了人们追求饮食品质和老北京独特风味的消费趋势，适应了人们对于养生与保健越来越重视的消费趋势，未来市场的消费潜力会越来越大，市场前景看好。

（四）交通情况与观光时节

乘公交车到四季青乡或海淀农科所，在栽种季节即可观赏或采摘。

三、玉巴达杏

（一）玉巴达杏资源特点概述

1. 玉巴达杏资源特点及品质特色

杏是我国北方主要栽培的果树品种之一，以果实早熟、色泽鲜艳、果肉多汁、风味甜美、酸甜适口为特点，在春夏之交的果品市场上占有重要位置。

海淀玉巴达杏个大皮薄、香醇味美

海淀区杏树资源丰富，这其中就包括著名的海淀玉巴达杏。玉巴达杏个大皮薄、香醇味美，曾一度为朝廷贡品。

海淀玉巴达杏果形较大，单果重可达50～70克，果实呈扁圆形，果顶微凹，梗洼广浅、肩平。成熟时果皮底色黄白，阳面有鲜红晕，其果肉细腻、柔软多汁，口感香味浓郁，味道酸甜。果实为半离核，果仁甜。

2. 玉巴达杏生长区域特点

海淀玉巴达杏主要分布在海淀区西山东麓沿线，地理标志保护地域范围包括：北安河镇徐各庄村、北安河村、南安河村、草场村、周家巷村、聂各庄村，苏家坨镇七王坟村、西埠头村、车耳营村，西山农场，温泉镇白家疃村、温泉村、杨家庄村，西北旺镇冷泉村、韩家川村，四季青镇香山村（1街坊、2街坊）。其地理坐标为：北纬39°58′～40°06′，东经116°03′～116°16′。

海淀玉巴达杏主产区之一北安河镇，地处西山阳台山东麓、城子山北坡，地势西高东低、南高北低。其最高峰海拔高度为1 000米，东部平原海拔在

50 ～ 70米。属暖温带半湿润季风气候，年平均温度为18℃，年均降水量600毫米，全年无霜期212天。北安河镇水资源充沛，山泉众多，当地的土质大部分为褐色土壤，少部分为黄沙壤，镇的东北部有丰富的草炭资源。

海淀玉巴达杏的另一个主产区苏家坨镇，地处平原，地势西南高、东北低，平均海拔为45米，亦属于暖温带半湿润季风气候，年平均温度为15.3℃，年平均降水量为635毫米，无霜期为210天。苏家坨镇有南沙河水系的三条支流经过，当地水利设施齐全，水资源充足。

优越的自然条件非常适合海淀玉巴达杏的栽植，气候适宜、灌溉水充分，再加上当地独特的土壤条件，这就使得海淀玉巴达杏果实个大、含汁液饱满、口感香味浓郁、营养丰富。由于海淀玉巴达杏的产区距离北京市区很近，因而在其果实成熟的季节，无需采收，仅依靠市民来乡村休闲采摘就可以使海淀玉巴达杏销售一空，而且当地村民的收入也颇为丰厚。

海淀玉巴达杏的原产于西山一带，果实成熟时，又是一番别样的美景

3. 玉巴达杏的生产历史

海淀区杏树栽培历史很悠久。据史料记载，清康熙年间便已有栽培，至今海淀西山一带仍然有许多野杏树。光绪三十二年（1906年），清政府农工商

部奏准兴办京师农事试验场，在这个京师农事试验场即有杏树栽植，当时栽培的目的是要进行试验、改良和推广。在清代，北安河一带所产的杏就是当时的皇家贡品。

海淀区政府十分重视优质地方特色农产品资源的保护与利用，将海淀玉巴达杏看作是海淀区“唯一性传统果品品种”来加以保护。为了保护古杏树资源，海淀区开展了寻找百年老杏树的活动，收集和挖掘了有关杏树的传说与故事，并开展了古杏树挂牌保护工作，第一次评选出“老杏树”14株。这14株老杏树或是树龄最长，或是具有故事与传说，区政府为老杏树颁发了证书，并奖励了老杏树的拥有者，希望他们继续承担起保护老杏树的职责，为后代人保护好古老的杏树种质资源。

此后，又进行了百年以上老杏树调查，并为20棵百年以上的老杏树加装了护栏，进行了GPS定位，还配置了老杏树专用的有机肥料，以保障老杏树生长茂盛，这也为后人保留珍贵的杏树种质资源。

伴随着海淀区都市型现代农业的发展和乡村休闲旅游业的兴起，通过农业科研和技术推广人员的不懈努力，海淀玉巴达杏栽植数量不断增长，果园的管理水平也不断提高，这使得海淀玉巴达杏这一独特品种的生产得到了前所未有的发展。通过建设果品观光园、采摘园、科普园等方式，集多种休闲、采摘娱乐、教育等多功能为一体，发展出了新型的以杏为主题的乡村文化创意产业。当地通过举办“杏花文化节”“杏树采摘文化节”等活动，实现了景观生态效益高、综合经营效益好、文化效益佳的良好发展效果。未来海淀玉巴达杏的生产经营必将会更紧密地与乡村文化产业结合发展，也一定会取得生态效益、经济效益和社会效益的全面丰收。

4. 玉巴达杏的营养价值

果实中可溶性固形物含量为12.5%，糖含量为6.58%，糖酸比为3.94 ∶ 1，每百克果肉含维生素C为6.28毫克。果实不耐储运，宜于鲜食或是现场采摘食用。

（二）车耳营村的传说

车耳营村是海淀玉巴达杏主产区的一个小村庄，只有300口人，位于凤凰岭景区山体中部，始建于明代。车耳营村的主要产业为果品种植业和民俗旅游业。车耳营村风光秀丽，与凤凰岭美丽奇特的自然景观融为一体，2000年车耳营村被评为“首都文明村”，2008年被评为北京最美乡村。如今这里每年都吸引着大批游人前来休闲、体验、观光、采摘。

“车营”是明代军队的一个兵种职衔。根据史书记载，明隆庆元年，戚继光在西山建立车营，北京话叫“车儿营”，天长日久就演变成了今天的“车耳营”，这就是独特村名的来历。现在，村子东面还有草场、席埠头的遗迹，当年屯兵有车马就需要有草料，有驻军就需要苇席遮盖粮草和军械，这也从一个侧面印证了当年戚继光在此驻兵的传说。

车耳营村文物古迹很多，雕刻于北魏太和二十三年的石佛造像，是北京现存最古老的石雕佛像，几年前失窃，后来追缴回来的石佛像已经断裂成好几块。车耳营村四周的庙宇、道观有很多，有关帝庙、三官庙、山神庙、娘娘庙、石佛殿、药王殿、黄普院、云照洞、吕祖洞、三仙洞等，有些庙宇或道观虽然已毁损，但遗址犹在。如此众多的庙宇围绕着一个村庄，这种情形确实罕见，这也为当地发展乡村旅游和休闲农业提供了最好的配套素材。

车耳营村东头的关帝庙

车耳营村栽种了不少玉巴达杏树，也栽有其他品种的果蔬。村庄紧贴着京西凤凰岭，距颐和园有20公里。村庄依山势而建，错落有致地分布着农家小院、松柏古树，每家的房前屋后都盛开着鲜花，再加上村中曲折的弯路和石板台阶，构成了一幅世外桃源般的山村美景，处处散发着古朴的民风，也让外来的客人感受到山村的幽静。

在车耳营村，春天可以来这里观赏杏花，初夏可以来这里采摘玉巴达杏，四季都可以来这里爬爬山、观观景、吃吃农家饭、住住农家屋，体味乡野的乐趣，换来一份好心情。村子里有30多家民俗接待户，他们都能做出地道的农家风味饭菜，其原料有散养的土鸡、山野菜、柴鸡蛋、野兔肉等，其菜品有菜团子、摊土鸡蛋、炖土鸡、烧野兔肉等，每餐的主食都少不了那香喷喷的带馅玉米面贴饼子。这里的民俗接待户都有不错的住宿条件，游客漫山遍野地游览了一天，歇下来吃一吃农家饭，晚上在这里睡一睡农家炕，真的是体验休闲、放松筋骨、愉悦身心。

车耳营村的民俗接待户

在这样的小山村，清新空气让人易于入眠，睡梦中还能听到那山间的溪流声。清晨小鸟的叽喳声、鸡叫声会把人吵醒，拉开窗帘，你会发现山村已是炊烟袅袅，山间仍是云雾缭绕，山村里新的一天就这样开始了。如果爬上山腰，恰逢云开雾散，那就能俯瞰北京城的全景了。

（三）交通情况与最佳观光时节

1. 公交车路线

从颐和园乘坐346路公交车在西埠头站下车，沿七王坟路向西往山上走500米左右，首先是西埠头村，接着是草场村、七王坟村的杏园，回到七王坟村路口，沿阳台山路向南，按路指示牌进入管家铃村，沿阳台山路向北，按路指示牌进车耳营村。

2. 自驾车路线

沿万泉河快速路—圆明园西路—永丰路到北清路左转行驶11公里，到北安河路口右拐，进入北安河路行驶30米西行（左转），进入阳台山路行驶1公里右转，进入西山旅游路（阳台山路）。依次观赏的村庄为管家岭、西埠头、草场、七王坟、车耳营村。

3. 休闲观光的最佳时节

玉巴达杏的主要观光时间分为两个阶段。第一是杏花景观，时间在每年的3月底至4月10日，即清明节前后。第二是玉巴达杏的成熟季节，时间为每年的6月10—20日前后，即农历“芒种”后的两周左右，是采摘玉巴达杏的最佳时间。

第二篇　门头沟区地域特色农产品

一、京白梨

（一）京白梨资源特点概述

1. 京白梨资源特点及品质特色

京白梨属于秋子梨系的当地原生品种，果实呈扁圆形，平均单果重110克，大果重可达200克以上；果皮黄绿色，贮藏后变为黄白色，果面平滑有蜡质光泽，果点小而稀；果肉黄白色，肉质中粗而脆，石细胞少，经后熟，果肉变细软多汁，易溶于口，香甜宜人，果心中大；果实8月下旬成熟，不耐贮藏。

京白梨的果实呈扁圆形

挂在枝头的京白梨

2. 京白梨生长区域特点

京白梨的产地范围为北京市门头沟区军庄镇，种植范围遍布全镇，其极品主产地偏向于军庄镇东山、孟悟村，地理坐标东经39° 99′，北纬

116°09′。其产地范围内海拔100～400米。土壤类型为山地淋溶褐土，土壤pH为6.5～7.2，土壤有机质含量≥1.0%。门头沟区属中纬度大陆性季风气候，春季干旱多风，夏季炎热多雨，秋季凉爽湿润，冬季寒冷干燥。这些气候条件和环境生态特征正好符合京白梨生长的环境条件要求，因而门头沟区军庄镇是京白梨的最佳生产区域，其所产的京白梨品质也是最佳。

在主产区，京白梨施肥以有机肥为主，每年每公顷施用腐熟有机肥数量≥65吨。作为国家地理标志产品的京白梨对生产环境有严格的要求，首先是尽量不使用农药和化肥，如果必须使用，就必须符合国家的相关规定，使用量以不得污染环境为准。

即将成熟的京白梨

3. 京白梨的生产历史

京白梨起源于门头沟区军庄镇东山村青龙沟一低洼有水之处，最初为一株自然实生树，已有400多年的历史，东山村庙洼一带目前仍保存有200年以上的老梨树百余株。为了更好地保护京白梨这一北京地区独有的传统果品，2010年门头沟区质监局和农委共同策划，由门头沟区京白梨产业协会作为主体，开展了京白梨作为“国家地理标志产品保护证书”的申报工作。2011年国家质检总局科技司组成专家组专门对门头沟区京白梨“国家地理标志产品保护”项目进行审查论证，专家组认为京白梨具有较高的知名度和一定的地域特色，符合国家地理标志产品保护的申报要求，一致同意将其作为国家地理标志保护农产品。在2012年3月，国家质检总局发布《关于批准对京白梨实施国家地理标志产品保护的公告》，由此京白梨正式成为国家地理标志农产品。

目前，京白梨种植面积已达到260公顷，其中老梨树面积107公顷，新梨树面积153公顷，共计有京白梨树16万余株，年产京白梨46万千克。随着军庄镇乡村休闲农业的发展，京白梨的知名度愈加得到了提高，前来观光采摘的游人越来越多，目前每年接待前来观光采摘的游客约10万余人次。伴随着京白梨栽培示范园区的发展，当地已经形成了集名人古迹、京白梨采摘、民俗观光、科普教育、休闲度假等为一体的综合产业发展构架，未来的京白梨产业发展将会越来越繁盛。

夏日的梨园

4. 京白梨的营养价值

京白梨营养价值很高，经测定，果肉含糖量为10.81％，含酸量为0.34%，每百克果肉中含蛋白质0.1克、脂肪0.1克、钙5毫克、磷6毫克、铁

0.2毫克、尼克酸0.2 毫克、抗坏血酸3毫克、胡萝卜素、硫胺素和核黄素各0.01 毫克。京白梨果肉乳白细腻，含石细胞少，汁液丰沛，酸甜适口，香气袭人，可食率达93%，品质极佳，是众多京郊名特果品中的佼佼者。

按照传统中医理论来看，京白梨味甘微酸、性凉，入肺、胃经；具有生津、润燥、清热、化痰、解酒的作用；用于热病伤阴或阴虚所致的干咳、口渴、便秘等症，也可用于内热所致的烦渴、咳喘、痰黄等症。京白梨鲜食和蒸煮食用均有利人体健康。随着当地春季观赏梨花、秋季采摘京白梨等乡村休闲活动的开展，未来的京白梨产业发展潜力巨大。

春天里京白梨树花开满枝头

（二）京白梨的传说

追溯京白梨的栽培历史，距今已有400多年。京白梨是京郊众多名特果品中的佼佼者，也是京郊特色果品中唯一带“京”字的著名地方特色果品，起源于门头沟区军庄镇东山村。京白梨在清朝即已闻名于世，据《宛平杂谈》记载：京西白梨自清代同治年间成为朝廷贡品，至慈禧太后执掌大权时，更是必备果品。

相传清乾隆年间，和珅在香山偶遇一卖梨人，其梨酸甜适中、嫩脆无渣、肉滑汁溢，自觉是天然美味，便把这梨献给皇帝，很快就得到皇帝的封赏。可是到了第二年，皇帝再要食梨时，却找不到这梨的出处。和珅便下令各处寻找，历时三年，终于找到了这梨的产地，就是门头沟的东山村。

据传说，乾隆皇帝还钦封过一棵老梨树为“老君树”。其后，嘉庆皇帝钦封过京白梨树为“效君树”，道光皇帝封过“俭君树”，咸丰皇帝封过“忠君树”，而慈禧太后则封过“寿君树”。东山村的村民每年都要将这些皇帝所赐名树上结出的京白梨送进皇宫给皇帝品尝。

由于京白梨品质好，风味独特，口感和营养俱佳，逐渐被当地人广泛栽植，种植的数量越来越多，产品的名声也越来越响。在1954年的北京市梨品品种评比会上，京白梨荣获“最优产品奖”，并在原来的名称“白梨”前冠以“京”字，也就成了今天的“京白梨”。

东山是一个古老的村庄，据史料记载，东山村成村于明代，已有400多年的历史。因位于军庄镇的最东边，并依山而建，因而得名“东山村”。

东山村风景优美，村庄周围三面环山，整个村庄就坐落在沟谷的两侧。每逢雨季，山水和泉水交汇在一起形成小河顺山而下。村内及四周山上林木茂

美丽的东山村

密，有大面积的京白梨树和枣、核桃、栗子等果树。这里山多，而且山的形状各异，所起的名称也千奇百怪，如“老平台”“狼石”“窟窿山”等。

有好事者拟就“京西八景”，其中“东山积雪”指的就是东山村。解释云：“东山者，军庄镇之东，香山之背也，盛产白梨，梨质细嫩，绵软香甜，果品之仙也。清明前后，桃杏花开，白中透粉，漫山遍野；谷雨时节，梨花怒放，沥阑壮阔，花团锦簇，如棉似雪，空气清新，淡淡花香，沁人心脾。”

东山村历史悠久，历史上周边曾建有大小庙宇10余座，现在仅有三座庙宇基本保存了房舍构架，但其中的佛龛、佛像早已不见了。保留下来的一座娘娘庙，东山村人称之为“南庙”。娘娘庙始建于明代，清乾隆年间重修过，到了道光年间，村民再次重修。这两次重修经过都在庙内梁上有清晰的记载。庙院原有柏树，现早已不见，现仅存一棵银杏树。新中国成立前后，这里曾办过私塾，后在这里设过东山小学校。学校迁出后，曾为村大队办公场所。现此庙房屋基本保存完好。

保留下来的另一座庙宇叫做东庵庙，位于长岭。传说原来庙址在山坡安子地，距现址1公里，后来山洪暴发冲垮庙宇，将庙中的木制泥佛像等全部冲毁，有一尊铁佛像（即大肚弥勒佛像）被冲到了北河大涧沟。后来人们把铁佛像从安子地抬回，走到长岭这个地方实在累了，就将铁佛像放在地上休息，再抬时却怎么也抬不起来了。于是就在长岭这个地方建起了“东庵庙”，以供奉此佛像，后来这里就被村里人称为“东庙”。

保留下来的第三座庙宇叫做云水观，坐落在村北，人们称之为“北庙”，供奉的是菩萨。这庙开始时是由道人管理，后来转让给和尚管理，最后归入清朝六王爷的叔叔荣石的手中，因此当地人也称之为“私庙”。

东山村共有五眼古井，其中历史最长的一眼井大约有200多年的历史。这眼井的特点是水深、水多、水旺、水甜。在1995年以前，村民的饮水、灌溉、洗衣、做饭、洗菜等全都依赖这口水井。但在1995年之后，村里修建了自来水管道，通过管道将水送到各家各户，几百年来从古井里挑水的年代也就一去不复返了。

（三）交通情况与最佳观光时节

1. 公交车路线

地铁苹果园站上车，336路（或977路、运通112线、运通116线、959路）

11站，三家店西口站下车步行110米。三家店西口站上车，964路13站，东山站下车，步行520米。

2. 自驾车路线

青塔桥—京原路/G108/西五环（南）方向，靠左进入莲石西路，在衙门口桥靠左直行进入龙林路，靠右进入卧龙岗桥朝门头沟/西六环（北）方向，靠左进入六环，从京拉路/G109/涿鹿/军庄出口离开，靠右进入军庄桥直行进入军温路，靠右进入X015到达终点东山村。

3. 休闲观光的最佳时间

（1）每年4月上旬，为梨花最佳观赏时期。

（2）每年夏秋两季，为观光、休闲、游览的好时节。

（3）每年9月，进入京白梨成熟采摘期。

二、军庄马牙枣

（一）军庄马牙枣资源特点概述

1. 马牙枣资源特点及品质特色

军庄马牙枣的主产区为门头沟区军庄镇。马芽枣因果实为长锥形至长卵形，下圆上尖，上部歪向一侧，形似马牙而得名。军庄马牙枣大小较均匀，果皮鲜红色，完熟期暗红色，果面光滑；果核细长呈纺锤形，果皮薄，果肉脆，初熟期果肉呈白绿色，完熟期果肉呈黄绿色，果肉致密、酥脆、汁液多。军庄马牙枣8月下旬至9月上旬成熟，较其他枣类成熟期要早。

采收后的军庄马牙枣

军庄马牙枣树势强健，丰产，但有“大小年”现象。枣树适应性较强，对土壤条件要求不严格，但以在阳坡沙壤土地上栽植产枣品质最好。总之，军庄马牙枣在门头沟军庄地区栽植普遍，是北京地区主要的生食枣品种，其肉脆而细嫩多汁，味极甜，可谓鲜食枣中之上品。

夏日里的军庄马牙枣树

2. 军庄马牙枣生长区域特点

军庄镇位于北京西部，门头沟区政府北面，海淀区的西南边，和香山为邻，与永定河为伴。这里日照时间充足，昼夜温差较大，土壤主要为钙质岩类山地淋溶褐土、碳酸盐褐土及河淤沙土。

全镇属于温带季风区气候，冬季寒冷干燥，夏季较炎热，年降水量为600毫米左右，降水多集中在每年的七八月间，全年无霜期为200天左右。

当地土地种植年限短，化肥施用量少，无土壤污染和灌溉污染，土壤有机质含量在1.3%左右，pH为7.5，符合栽培优质马芽枣的环境要求，具备发展优质枣品生产的优越环境条件。

3. 军庄马牙枣的生产历史

相传在唐代贞观年间，京城有一位名叫张诚的贫苦雇工，他为人憨厚、

即将成熟的军庄马牙枣

勤劳质朴，有一手种枣树的好技艺，他种出的马牙枣形大、皮薄、肉厚、质嫩，汁多味甜，远近闻名。但在当地恶霸地主的压榨盘剥下，只能去为财主家栽培枣树，每日衣不遮体、食不果腹，只能偶尔以枣充饥。俗话说："每日三颗枣，一生都不老"。在紧张繁忙的秋收季节之后，人们惊诧地发现张诚不但没有枯瘦如柴，反而容颜红润，精神焕发，身体壮硕。此后，马牙枣便深受百姓的喜爱，人们代代种植，延续传承，经久不衰。由此可见北京栽植枣树的历史之悠久。

北京地区枣树种植栽培极广，广泛分布在城区四合院内、郊区平原及浅山丘陵地带。这一品种栽培历史长、种性分化株系繁多，军庄马牙枣就是当地人经过多年的枣树栽培后自然选育出来的早熟品种。军庄马牙枣适应性强，抗旱，耐瘠薄，耐粗放管理。在秋季多雨的年份裂果也比较轻，这一品种与当地的生态条件极为适合。

军庄马牙枣推行有机果品生产规范，满足人们对于安全食品的严格要求，也很好地保护了当地的农业生态环境。

军庄镇现有军庄马牙枣栽培面积约为120公顷，为了促进军庄马牙枣产业的发展，当地组织了两个种枣合作社，即东山村军庄马牙枣股份经济合作社和香峪村军庄马牙枣股份经济合作社。另外，还有门头沟区军庄镇加华酒业公司作为当地发展马牙枣产业的龙头企业服务于种枣农户。通过这些组织机构的示范、带动和引导，促进了军庄马牙枣种植水平的提高以及产品的品牌化建设。

山地上栽培的军庄马牙枣树

4. 军庄马牙枣的营养价值

军庄马牙枣在完熟期果实风味极甜，鲜枣含糖量高达35.3%，含果酸为0.67%，每百克果肉维生素C含量为332.86毫克，不愧为“维C之王”的称号。枣果实的可食率为92.94%，营养丰富、品质上等。

军庄马牙枣口感甚佳，适合于鲜食，可结合当地乡村休闲农业的发展，开展军庄马牙枣的观光与采摘等活动，以提升果品的市场营销力和果品经营的综合效益。

（二）军庄镇的人文历史

军庄镇位于门头沟区东北部，地处永定河出山口的东岸，北、东、南三面环山，西部为开阔出口，南距门头沟区政府驻地新桥大街6.5公里，属于门头沟城新城辐射区。军庄镇自古就是沟通中原与塞外的要冲，是水陆相依的交通枢纽，历代均为兵家必争之地，“军庄”之名也由此而来。在1983年，军庄村出土了战国时期的铜剑、铜戈。

军庄有秀美的山川，有富饶的资源。军庄镇北、东、南三面环山，最高的香峪梁海拔为797.64米，镇域中部是较为平坦的冲积平原。在北、东、南三个方向依次排列着灰峪沟、北四沟、孟悟沟、东山沟、香峪沟、西杨坨南沟等主要沟壑，组成了永定河的一条重要支流——军庄沟，并向西汇入永定河。

明清时期，军庄地区有大大小小的寺、庙、观、庵等不下数百个。其中娘娘庙、龙王庙、关帝庙、观音庙及五道庙为各村普遍修建。凡烧灰、采煤的村都有窑神庙。规模较大的寺庙主要有：军庄村的广熙寺、隆恩寺、秀峰寺、南安庙；东杨坨村的朝阳庵，西杨坨村的娘娘庙，东山村的娘娘庙，灰峪村的关帝庙等。许多庙宇为众多神灵所共用，比如孟悟村的西庙中，前殿供奉着关帝爷，中殿供奉着南海古佛，后殿则供奉着三世佛。但因年代久远、战争毁坏和时代变迁，绝大多数庙宇已经废弃。作为区级文物保护单位的东杨坨村的朝阳庵，前殿早已被村民的房屋遮挡，后殿的东部近年也已坍塌。另外，曾记载于志书的广熙寺建于金代，为当地最大的寺庙。作为庙产的耕地就有2 000余亩。为管理这些耕地，寺庙分别在杨坨、东山、孟悟等村建有5座石楼，每个石楼管理着400 ~ 500亩耕地，管理者负责将耕地租给当地农户耕种，秋后收取租粮交给寺庙。但是，这样大的一座寺庙也早已毁坏殆尽，今人已无缘再见到它的辉煌。据东杨坨村一位80多岁的老人讲，此庙距东杨坨村0.5公里，现在村东南坡下还有个“南楼”遗址，就是当年所建的5座石楼之一。

军庄镇域内有“大金故诰命长公主之墓”，还有清代饶余敏郡王阿巴泰及其四子安亲王岳乐的墓地，而且当地还发现记载着民间采煤与皇家保护墓地两派势力激烈斗争的碑文。军庄村西北将军山上的断崖处有将军洞，洞内至今保存有总面积超过20平方米的古代岩画，洞周围山上建有古寨墙，为古代驻兵之地。灰峪村南北两山上还存有古寨墙，东山村还有元代的军事设施古碉楼。随处可见的战争痕迹说明军庄地区确实是历代屯兵之地和交战厮杀的战场。

由于历来是古代军事重地和战场，这就使军庄地区的经济和社会发展受到一定的制约。其表现之一就是这一带较豪华、成规模的古民居数量不多，有钱有势力的豪门显贵较少。孟悟村的陈连芳故居是当地最为显赫的一处古民居。陈连芳是清道光年间的太医院太医，他在村北所建的“大北院”就是一座仿王府格局的建筑。这座宅院磨砖对缝，砖雕木雕，设计精巧，建造工艺精细，历经近170年的风雨，至今依然风韵不减，成为当地古民居中的精品。

（三）交通情况与最佳观光时节

1. 公交车路线

乘坐地铁1号线（苹果园方向），在苹果园站下车，乘坐336路（或977路，运通112线，运通116线，959路），在三家店西口站下车　，步行至三家店西口站，乘坐964路，在东杨坨站下车，向南步行800米至香峪村。

2. 自驾车路线

沿莲石东路朝莲石西路/京原路/G108/西五环（南）方向，进入莲石西路，沿卧龙岗桥进入六环，过双峪桥进入三家店桥，从军庄出口离开稍向左进入军庄桥，进入军温路，沿军温路行驶1.5公里，到达终点。

3. 休闲观光的最佳时节

每年5月可以欣赏到枣花和槐树花；到秋季马牙枣成熟后便可以采摘了。当地一年四季都有绿色健康的柴鸡蛋、小杂粮、蜂蜜等农产品可以购买。

三、龙泉务香白杏

（一）龙泉务香白杏资源特点概述

1. 龙泉务香白杏资源特点及品质特色

京西永定河畔龙泉务村的传统特产香白杏，是老北京市场上享誉盛名的特色果品。龙泉务香白杏最早种植于明朝，距今已有近800年的历史。这里出产的香白杏个大、离核，香味浓郁，远近闻名。在清代，龙泉务村的香白杏曾是朝廷贡品。当时每年“夏至”的前一天，龙泉务村的果农都要选出最优质的香白杏两筐送进皇宫去。

香白杏是普通杏树经过果农长期选择嫁接的变种，这种杏是当地的优质品种，地方性很强，移栽到别处就会丧失其果品品质。在该村村北有段山叫“瓦密”，这里出产的香白杏品质最佳。香白杏长期在龙泉务村的自然条件下栽植，其品质才能一直保持下来。

龙泉务村的香白杏，果实扁圆形，淡绿黄色，阳面有淡色红晕，皮薄、肉厚、汁液多而浓甜，纤维少、味甘甜，有一种独特而沁人心脾的清香。果实平均纵径3.96厘米，横径4.42厘米，侧径4.27厘米，缝合线不明显，两侧对称，果顶圆，梗洼深而窄；果皮底色黄白，阳面稍带红晕或深红色斑点，绒毛少，皮薄；果肉黄白色。龙泉务香白杏一般单果重60克，熟后核肉分离。一个熟透的杏掰开即成两瓣，取出核，将两瓣杏平放在桌上，不足五分钟，两瓣杏的核坑处就可溢满浓蜜的甜汁，十分神奇。

龙泉务香白杏掰开片刻之后杏坑中就是一汪甜水

杏树枝头的硕果

2. 龙泉务香白杏生长区域特点

龙泉务香白杏原产于北京市门头沟区龙泉镇龙泉务村。这里地处军庄镇、妙峰山镇、龙泉镇交界处，区域地理坐标为：北纬40°04′11″～40°05′30″，东经115°56′10″～115°56′40″，原产地保护面积为6.34平方公里，海拔高度为120～280米。龙泉务香白杏栽植面积约为33.33公顷，年产鲜果近6万千克，杏树均分布在龙泉务村域之内。

龙泉务地区土质为黄土，土壤中伴有大量的烧窑灰渣（这里历史上出产辽瓷，瓷土上乘），土壤成分独特，呈偏碱性，这为龙泉务香白杏的生产提供了独特的土壤环境。龙泉务村西北是山坡，东南是永定河冲积台地，背风向阳，冬暖夏凉，昼夜温差较大，适宜香白杏的养分积累，从而造就了龙泉务香白杏独特的品质特色。

近年来，龙泉务村通过嫁接移栽树苗，并与北京农科院开展合作，加强了对香白杏的栽培管理的科学研究，基本克服了龙泉务香白杏结果“大小年”的弱点，使香白杏产量在稳定中有所提高。2012年，龙泉务香白杏获得农业部“农产品地理标识认证证书”，由此进一步提升了龙泉务香白杏的市场价值和品牌认知度。

郁郁葱葱的香白杏树

3. 龙泉务香白杏的生产历史

龙泉务村栽植的香白杏始自明代永乐年间，至今已有800多年的历史。20世纪60年代以前，香白杏最高年产量曾达到过35万千克。1960年，国家计划在龙泉务村修建水库（后因故未能修建成功），后来又开始了“农业学大寨”“以粮为纲”的年代，那时香白杏的杏树几乎被砍绝。

着色之后，香白杏美艳如画

在改革开放之后，伴随着京郊农村产业结构的调整，村中的果树栽培迅速兴起，龙泉务香白杏栽植也由此开始复苏。农民们开始重新培育砧木，并在村北瓦窑仅存的三株老树上系穗嫁接，使这一传统的杏树品种在它原本生长的土地上逐渐得到恢复生产。

近年来，该村在各级政府和有关单位的扶持帮助下，已经恢复了33.33公顷栽培面积，每亩栽种香白杏40 ~ 50棵。现已有近万株开始结果，其中的5 000棵香白杏树已经进入盛果期。但由于龙泉务村土地面积有限，而移栽到别处实品质又会改变，因而在栽培面积上已经潜力不大。

龙泉务香白杏采摘节

4. 龙泉务香白杏营养价值

龙泉务香白杏含有丰富的营养物质以及微量元素，而且人体极易吸收。据测定，香白杏含有17种氨基酸，其中包括人体所必需的7种氨基酸；其果肉可溶性固形物含量为18%，有机酸含量为1.53%，糖酸比为5.7 ： 1，每百克鲜果肉含有胡萝卜素1.79克，其中β胡萝卜素比重为74.4%，每百克鲜果肉含有维生素C为12.42毫克。

目前由于龙泉务香白杏产量有限，因而其果品只能用于市民前来采摘，没有多余的产品可以投放到市场。这也就形成了龙泉务香白杏以游客采摘的方式完成其收获的独特方式。

香白杏之根

（二）龙泉务村的传说

龙泉务村位于龙泉镇北部，南距永定河三家店水闸3公里，距龙泉镇政府驻地大峪5公里，现有人口4 000余人。村庄三面环水，一面临山，水源充足，土地肥沃，现有水域面积20公顷，湿地面积33.33公顷。龙泉务村物产丰富，主要有石灰石、煤炭、果品、粮食、蔬菜等，是龙泉香白杏的原产地，现主要产业有石灰石开采、琉璃制品、农业观光园、特菜生产基地、果品加工等。

关于龙泉务村名的来历有许多种说法。在1958年，龙泉务村发现了古瓷窑遗址，经逐步发掘，证实此地在辽代是烧瓷工场。据明代万历年《宛署杂记》记载，当时村名为“务里”。“务”字有多种说法，一为动词，当“做”的意思，如务工、务本等；一为名词，“事业”的意思，如任务、事务等。在《辞海》中“务”的词条释义为：“宋代官设贸易机关和场所，如饶州景德镇瓷窑博易务”。由此释义，“务里”可引申为制作瓷器的场所。又有人认为，“务”是古代的收税机构，故今日称为税务。还有人认为，“务”是古代的管理机构，比如石炭务，就是元代管理煤炭的机构；河务，就是管理水上运输的机构，因此，“务里村”可以解释为，朝廷或官家在此地设立的收税机构，或朝廷在此地设立的管理烧制瓷器的工作机构。更有一种大胆的说法，认为务里村紧邻永定河，过去永定河水大可行船，村中有码头，设有船坞，以船运输当地产的瓷器。

关于“龙泉务”的另一种说法是，清代村中瓷窑停烧后，一位官员至此，见其村三面环水，且村中遍地可挖出甘甜泉水，每天早晨村子便处在一片雾霭之中，遂称此村为“龙泉雾”。总之，龙泉务村村名的由来说法众多，但明代已称“务里”，且与村中在古代烧瓷有关，村名应首先得于烧瓷，继而得名于此地三面环水、清晨水雾缭绕。

龙泉务村民间文化活动丰富多彩，主要有大鼓会、秧歌会、石锁会、少林武术会、花灯会等。

大鼓会全名为龙泉务村童子大鼓老会，又叫锅子会、挎鼓会、花盆会，成立于1934年春，是村民自演自乐、自行筹办的民间艺术团体。每次表演为8个棒小伙敲打8面大鼓，12个儿童身穿彩衣击打12副铜钹，表演中带有各种武术动作，大鼓鼓点共计20余种套路。表演时鼓声咚咚、震耳欲聋，声传数里之外。表演场面红火而热闹，给人以奋发向上、精神振奋的感觉。大鼓会一般在春节、庙会期间进行表演，过去当地农民为酬神、祈雨、庆丰收，也会组织表演活动。

秧歌会全名为龙泉务村一心同乐秧歌老会，成立于1932年。在表演之前要先化妆，然后身着戏装，手拿道具，组成载歌载舞的表演队列。表演的角色都是民间传说中的山神鬼怪的化身，表演的形式有很强的观赏性和娱乐性。秧歌会表演中以头陀（打棒的人）为首领，共14个角色，循着特定的鼓点，以不同的动作排列组合，变换队形，扭出独特的舞姿。现正在申报北京市非物质文化遗产。

石锁会也是龙泉务村民间花会组织，门头沟区只此1个，过去统称太平石锁。其源于清康熙年间，主要是在祭神、求雨时表演，后来成为零散个人活动，主要功能为强身健体。石锁一般长30厘米，宽15厘米，重约6 ~ 8千克。每当表演时，周围会员要用板鼓、堂鼓、大镲等器乐为表演者伴奏、助兴。石锁会的器乐齐整，声音洪亮，每逢村里走会时，石锁会都要走在最前面。

少林武术会是龙泉务村传统的会档，20世纪30年代至50年代初最为红火。现在门头沟区博物馆还保存有一张龙泉务少林武术会过去的全家福照片。

闹花灯主要是在元宵节期间，挂红灯、码坛火都是龙泉务村的传统文化活动。届时，每条街都会搭上几座坛火，家家户户门口都会挂上各式各样的花灯，并端出茶水和点心，用来招待花会表演的人们。人们不分老少，都出来观花灯、逛灯、提灯游走，很是热闹。

（三）交通情况与最佳观光时节

1. 公交车路线

乘坐地铁1号线在苹果园车站下车，步行245米乘坐982路公交车，在龙泉务北口下车，步行1.18公里至龙泉务香杏园。

2. 自驾车路线

经阜成门外大街、阜成路、阜石路、双峪路、滨河路、城子大街、石担路到达龙泉务。

3. 休闲观光最佳时节

龙泉务村一年四季都可以采摘蔬菜。每年4月至10月底可以垂钓。5月底至6月底可以采摘香白杏。冬季可以进大棚采摘蔬菜。

第三篇 房山区地域特色农产品

一、房山磨盘柿

（一）房山磨盘柿资源特点概述

1. 房山磨盘柿资源特点及品质特色

磨盘柿作为房山区农业的形象代表，早已是京郊的名特果品，“房山磨盘柿”具有很大的市场号召力。2001年房山区被国家林业局授予“中国磨盘柿之乡”的称号；同年，房山磨盘柿在全国果品展览会获得“中华名果”的称号；2003年房山磨盘柿取得国家工商行政管理管理总局商标局颁发的“房山磨盘柿”商标证书；在2004年举办的“北京名果大家评”柿子专场评比大赛中，房山磨盘柿获得柿子评比一等奖；2005年7月20日，房山磨盘柿作为首批“唯一性特色农产品”由北京市科委、北京市农工委联合向北京市民推荐；2007年，房山磨盘柿获得国家质量监督检验检测总局颁发的“国家地理标志农产品保护证书”。

房山磨盘柿产自房山山区地带，海拔高度从26米到2 035米，高差2 000余米。这里气候温和，处在环北京山前暖带的最南端。磨盘柿是北京地区主栽的柿子品种，北京市约60%的磨盘柿分布在房山区。目前，房山区磨盘柿栽培面积达到0.8万公顷，年产量达到2 300余万千克。

房山磨盘柿果实极大，平均单果重240克，最大单果重600克。房山磨盘柿果形端正，扁方或扁圆，位于果腰的缢痕明显，这条缢痕将果实分成上下两部分，因形似磨盘而得名。房山磨盘柿果面光洁，果实橙黄色至橙红色，果肉乳黄色，脱涩后的硬柿脆甜爽口、肉质细、汁液中等、无核、可食率高。而脱涩后的软柿子，皮很薄、汁液多、肉质细、味甘甜、无核。

房山区悠久的磨盘柿栽培历史和优越的地理气候环境条件，造就了“房山磨盘柿”的独特品质。“房山磨盘柿”营养丰富，富含氨基酸、维生素、胡萝卜素，具有高钾、磷、锌、铁及低钠等特点。同时，还含有大量的黄酮类化合物、单宁等酚类物质，具有抑制血小板凝结，防止低密度脂蛋白氧化，软化血管等作用，是富含营养、口味甘甜的保健果品。

即将采收的房山磨盘柿色泽橙黄

2. 房山磨盘柿生长区域特点

磨盘柿生长于房山区的山前暖区，房山山前暖区具有两大特点：一是山前暖区距离长、面积大，由青龙湖至十渡绵延百余公里；二是山前暖区热量高、日照长，据近10年的气象资料统计显示，房山区年平均气温为12.7℃，年平均无霜期208天，大于0℃积温是4 839.2℃，日照时数为2 621.3小时，是京郊热量分布最多和日照最长的地区。

房山区素有“京郊第一镰”之称（因气温高而开镰收割最早），其物候期要比北京其他区县早一周左右。从1959—1980年20多年的气象资料分析可以看出，房山区大于等于0℃、10℃、15℃、20℃的积温都高于北京的其他区县。磨盘柿果实发育与气候条件密切相关，由于积温高，因而房山磨盘柿果实生长迅速，果实糖分的积累也多。总之，较高的积温和日照时数使得房山磨盘柿具有单果重大、色泽好、可溶性固形物含量高等特点。

房山磨盘柿的地理标志保护区域涉及北京市房山区十渡镇、张坊镇、大石窝镇、长沟镇、韩村河镇、周口店镇、城关街道、阎村镇、青龙湖镇、河北镇、佛子庄乡等11个乡镇，下辖行政区域包含138个行政村。

当柿子果实中有充足的钙时，就可以保持细胞膜不分解，能延缓柿子变绵变软过程，这使房山磨盘柿的果实能较长时间保持硬度，这有利于果品的运输和销售。在北京市，只有房山磨盘柿生长在富含钙的石灰岩土壤中，昌平、平谷等区土壤的成土母质为花岗岩、片麻岩，土壤含钙量低，同样种植磨盘柿其柿果的硬度就要小于房山磨盘柿。房山磨盘柿也因为独特的地理环境和气候特征而获得了更加优异的品质。

秋风刮过之后的房山磨盘柿树

雪压硕果挂枝头——初雪后的房山磨盘柿

3. 房山磨盘柿的生产历史

磨盘柿又称为盖柿、盘柿、腰带柿、帽儿柿、重台柿、箍箍柿或藕柿。据史料记载，明朝朱元璋洪武年间（1368—1399年），房山就有柿树栽培，栽培历史至少在600年以上。在明万历年间（1573—1620年）编修的《房山县志》中就记载："柿，为本境出产之大宗，西北河套沟，西南张坊沟，无村不有，售出北京者，房产最居多数。其大如拳，其甘如蜜。白露后，将熟柿经菽水浸，谓之揽柿；入冬软柿谓之烘柿。产山阳者味最甘，汁清而利口，村人以核桃做瓤制为柿脯，甚佳。"由此可见房山柿子栽培历史之久远。

房山磨盘柿的主产乡镇张坊镇的磨盘柿发展很快，镇政府重视发挥地方特色农产品的优势，将房山磨盘柿作为"唯一性特色果品"加以扶植，并依托地理标志产品保护以及深厚的磨盘柿历史文化资源，推进品牌化经营力度，切实提高了当地农产品的综合经营效益。通过建设房山磨盘柿产业发展示范基地，提升了房山磨盘柿的生产管理水平，柿子产业取得了突破性发展，当地农民也由于栽培柿子而获得更多的收益。

房山磨盘柿的丰收季节

4. 房山磨盘柿的营养价值

磨盘柿作为果品中的上品，不仅营养成分丰富，而且还有医疗价值。柿

果中含有大量维生素、胡萝卜素、矿物质和黄酮等，其中维生素的含量远远超过苹果、梨、桃等果品。经中国农业大学营养测试分析，房山磨盘柿含有天门冬氨酸、丝氨酸等18种氨基酸，其中包括人体所必需的7种氨基酸。果肉中所含维生素种类齐全而且含量高，维生素C性质稳定，维生素B族含量尤其丰富，这在水果中实属罕见。果肉中还含有钾、钙、镁、铁、钠、锰、磷等多种矿物质元素和抗氧化剂石碳酸。

据现代医学文献记载，柿子有降低血压、增加心脏冠状动脉的血流、抗菌消炎、解热等功效。把晒干的柿子叶片研磨成细末，能治疗血小板减少性紫癜和各种出血。柿子霜味甜，含有甘露醇，其性质甘甜，能润肺止咳，还可以治疗小儿口舌生疮。柿子蒂、柿子花、柿子树根、柿子树皮也都是很好的药材。

房山磨盘柿果实本身就是适合于鲜食、营养又保健的奇特果品。随着当地磨盘柿产业的不断发展，磨盘柿的加工品也不断增加。“冰柿”就是这样一个新产品，用柿子做成的冰激凌，十分美味可口。还有当地开发出的“柿子醋”，既有益健康又能软化血管，市场前景十分看好。

以房山磨盘柿为原料的“柿柿如意”冰激凌

以房山磨盘柿为原料制成的柿子醋

（二）张坊磨盘柿的传说

在房山区张坊镇一带，民间流传着这样一个故事。相传明太祖朱元璋年幼家贫，一天流落到张坊大峪沟村。他已经两天没有饭吃了，正在他仰天长叹之际，忽见东北角柿子树枝上丹红点点，于是急忙走近去看，原来是一棵挂着霜柿的柿子树。他的心为之一动，伸手摘下柿子，狼吞虎咽地吃了起来。吃饱了，为了感谢柿子树，他面对柿子树拜了几拜，然后才缓缓离去。过了数年，明太祖朱元璋出巡路过此地，还特意来拜访那棵当年救了自己性命的柿子树。当他走近村边，远远的又看见丹红点点，显得格外娇艳夺目，当年那棵柿子树如今也是更加苍劲了。朱元璋急忙翻身下马，走到树下，脱掉自己的皇袍，裹在老树的身上，并封它为“凌霜侯”。自此，张坊的磨盘柿每年都作为贡品进奉给皇上。

这段民间故事也不知始于何时，但却一直流传至今，在这一带家喻户晓。受到这段故事的影响，民间也就有了过节吃柿子的习俗，取其谐音“事事如意”的吉祥之意。

张坊镇近邻佛教胜地云居寺。云居寺不仅是房山世界地质公园的重要组成部分，而且也是房山世界地质公园和全房山区旅游业重要的服务区。张坊镇在发展乡村休闲旅游业上具有得天独厚的区位优势。除了临近云居寺之外，张坊镇的其他旅游资源也十分丰富。张坊古战道是宋辽时期的历史文化遗存，也是北京地区唯一的一处留存至今的古代军事设施。此外，还有唐代摩崖造像等历史古迹和仙栖洞、龙仙宫、穆柯寨、张坊古城等众多景点，以及周边丰富的林果资源休闲旅游等资源。

经过几年的开发建设，现在张坊镇已经初步形成了四大旅游系列：以仙栖洞、龙仙宫、五星峡为主的地质科普游系列；沿拒马河以清江九龙潭、穆柯寨为主的山水风光游系列；以中国磨盘柿第一村、柿柿如意观光园、仙栖沟域为主的休闲采摘游系列；以张坊古城、古战道、古镇楼、古戏楼为主的传统人文历史游系列。这四大旅游系列整合了当地的农耕、历史、自然、文化等资源，助推当地乡村经济的综合发展。

张坊镇为房山磨盘柿注册的“张坊磨盘柿”商标

房山磨盘柿获得国家质量监督检验检测总局颁发的“国家地理标志农产品保护证书”

（三）交通情况与最佳观光时节

1. 公交车路线

从广安门内乘917快，沿欧美亚汽车城方向经过35站，到张坊下车。

2. 自驾车路线

从广安门出发，进入京港澳高速，从阎村出口离开（经阎村收费站），进入大件路。沿大件路行驶7.0公里，左转走匝道（经大件路收费站），进入京昆高速。从张坊出口离开，右转进入房易路，沿房易路行驶3.7公里，右转进入张坊镇。

3. 休闲观光的最佳时节

每年10月中旬到11月上旬，霜降节气前后，是磨盘柿采摘的最好时间。张坊镇旅游资源丰富，空气清新怡人，是游客度假休闲和投资生态项目的理想场所。有洞幽谷深的人间胜景仙栖洞；有能接待500人住宿用餐的四星级酒店——云泽山庄；有宋辽时期的张坊古战道，高山漂流的乐谷银滩，品位尊贵的红酒庄园；有吸引周边省市和首都市民纷纷而至的婚纱拍摄基地薰衣草庄园；还有冬季踏雪飞扬的云居滑雪场等著名景点。周张路两侧耀眼的红叶带也是这里秋季一景，每到金秋时节，都会吸引众多市民到这里来观赏红叶摄影留念。

二、高庄御塘稻

（一）高庄御塘稻资源特点概述

1. 高庄御塘稻资源特点及品质特色

房山区大石窝镇高庄御塘稻，米粒大如珠、色泽如玉，蒸煮七遍而不失其质。其突出特点是稻米清香美味，色白粒大，米粒透明如石英。明清年间曾为专供皇宫享用的御用大米。

虽然地处北方，但大石窝镇高庄村一带历史上就是水资源丰富，被誉为京南的水乡。大石窝镇高庄村一带常年涌动着上万眼泉水，常年滋润着当地的几千亩稻田。房山区的高庄御塘稻之所以独具特色，主要是依托于村庄里独有的御塘泉水活水灌溉，积年累月就形成了今天的高庄御塘稻贡米的精良品质。当地通过几百年持续栽植水稻，已经摸索出一套“活水种植水稻”独特栽培技术，这种独特的栽培技术使得高庄御塘稻米品质出众、风味独特。

高庄御塘稻的稻穗

2. 高庄御塘稻生长区域特点

高庄御塘稻被当地政府作为“唯一性传统农产品”来加以重视和保护，并积极申报

"国家地理标志保护农产品证书"。高庄村有优质的泉水资源，一年四季水温恒定，基本保持在14～16℃，水质清澈，泉水呈微酸性，含有多种矿物质和微量元素。而且当地气候昼夜温差小。这些独特的自然环境特点和几百年持续种植水稻的历史传承，造就了高庄御塘稻的农耕特点和御塘稻米的优异品质，御塘稻全生长周期使用御塘泉水灌溉，成就了御塘稻米馥郁芬芳的品味。高庄御塘稻生产地处在山前暖区，区域的地理坐标为东经115°81′～115°92′，北纬39°56′～39°58′。

高庄御塘稻的稻田

3. 高庄御塘稻的生产历史

据《北京市房山区志》记载，幽燕地区水利条件优越，宋朝利用北部塘泊屯垦，推广南方种稻技术，河北地区保定以北拒马河沿岸皆辟为稻田，至此水稻开始大面积种植于北方。在金代，中都西南房山、宛平、良乡等县辟有大量水稻田，水稻成为中都地区农产品之一。明初，房山大石窝、良乡等地还有成百上千亩的水稻田。

另据《燕山丛录》记载，"房山县有石窝稻，白色粒粗，味极香美，以为饭，虽暑盛，经数宿不餲。"清雍正四年（1726年），于京师设营田府，组织京师以永定河水淤土肥田，大量植稻。据吴庆邦《泽农要录》记载，"宛平、房山有种名御稻米者，微红，粒长而微腴。"另据咸丰年间编纂的《房山县志》记载，“房邑西南广润庄、高家庄、南良各庄、长沟村四处营田二十顷有奇。……白玉塘水田自昔有之，其地不足两顷，产米坚白珍贵，以其源高水洌漫灌无缺故也。”

《北京房山百科全书》记载：1949年后，御塘米已由村民自种自收，御塘泉水也得到开发利用，稻米种植面积不断扩大，1997年已扩大到15.67公顷，年产量达5.5万千克。

《房山区农业志》记载：20世纪60—90年代，水稻种植集中在南尚乐、长沟、石楼、长阳、窑上、东南召、琉璃河、城关等水源较丰富的村（生产大队），拒马河和南泉水河沿岸村也有较大面积种植。2006年仅城关街道和长沟、大石窝、十渡镇部分村种植水稻，其中大石窝镇玉塘稻种植面积18.67公顷，亩产650千克。

近几年来，当地各级政府越来越重视地方特色农产品的开发与市场培育，大石窝镇也开始以“高庄御塘稻”为主线，通过宣传来扩大其特色农产品的影响力。并结合都市型现代农业的发展，有意识地打造传统特色农产品与休闲农业相结合的综合项目，以促进地方特色农产品的市场拓展和价值提升。政府已经开始对高庄御塘泉周边的传统稻田实施了保护，不允许御塘泉周边的农田再被占用，也鼓励这些农田持续种传统的水稻，以确保高庄御塘稻这一古老的特色农产品得以传承。

郁郁葱葱的高庄御塘稻田

4. 高庄御塘稻的营养价值

高庄御塘稻含有维生素B_1、维生素B_2、葡萄糖、麦芽糖、蛋白质、钙、磷、铁等营养物质，并富含人体所需的18种氨基酸。高庄御塘稻的独特之处是不仅富含营养物质，而且在蒸煮时稻米中的蛋白质、维生素、矿物质等营养物质的流失很少。

稻田美景

（二）高庄御塘稻的传说

据《房山县志》记载：房山县有石窝稻，清朝康熙年间，圣祖玄烨驾临云居寺，地方官员将稻米进献给康熙皇帝，康熙皇帝品尝后，钦定为“贡米”，浇灌稻田之泉塘定名为“御塘”。自此，这里所种的水稻称为“御塘稻”，所产的稻米为“御塘贡米”。

高庄御塘稻是按照传统的农耕方式进行种植的，每年清明播种育秧苗，6月初插秧，秋天成熟收获，这其中要经历一个漫长而艰辛的过程。传统的稻作农耕方式，其中充盈着稻作文化，比如每年的插秧就颇具有仪式感。准备插秧的人先站在田边，大家要看着最“资深”的插秧能手插好水田中央的第一行秧苗，然后再以这一行秧苗为尺度分头向两边逐行插秧。这就好比木匠锯木头之前需要先画线，只是木匠使用“绳墨”来画线，而插秧则是人直接用手边插秧边画线，要插得笔直其难度之大可想而知。因此，插第一行秧苗的人必是手艺精湛、德高望重的农人。

再比如“挠秧”。和北方开春时节的“挠地”不一样，“挠秧”更有仪式感。水稻插秧之后的田间管理，不像在旱地里用锄头在田间除草（民间俗称“挠地”）那样轻松，而是要人跪在水田中，用双手除去杂草并松土。这一过程就像是人在给秧苗“下跪”。民间有这样的说法，水稻在成长的过程要不断的受到“跪拜”，“跪拜”的次数越多，所产的稻米也就越好吃。其实这只是除草、松土的次数越多，稻米所吸收的田间养分也就越多，所产稻米的品质当然也就越好。

古老的“御塘贡米”传说增加了这种地域特色农产品的神秘感，而以传统农耕方式种植高庄御塘稻的故事更能让人感受到那“一分耕耘、一分收获”的艰辛。

在现代商品经济社会，倡导人们回归田园，感受那“望得见山、看得见水、记得起乡愁”的乡野生活，让人们重拾那业已消逝的淳朴情感，让人们尊重那一份在乡土中耕耘的艰辛。这无论对于青少年，还是对于整个社会，都会是一件充满“正能量”的好事情。

通过拓展以传统稻作方式种植高庄御塘稻的多功能性，可以使御塘稻的生产功能、文化传承功能、教育功能、休闲体验功能等集于一体，再伴随着当地休闲农业和乡村旅游的发展，高庄御塘稻的经济效益和社会效益都会越来越好。

（三）交通情况与最佳观光时节

1. 公交车路线

（1）前门西乘坐901路—阎村车站—换乘房31路—高庄村下车即到。

（2）西客站南广场乘坐616路—良乡大角—换乘房31路—高庄村下车即到。

（3）天桥总站乘坐917路—大石窝站—换乘房31路—高庄村下车即到。

（4）地铁2号线复兴门站—换乘1号线—军事博物馆站换乘9号线—郭公庄站换乘房山线—苏庄站换乘房31路—高庄村下车即到。

2. 自驾车路线

（1）G4京港澳高速—琉璃河收费站—向西行驶至琉陶路—岳琉路—岳各庄路口向南行驶至房易路—云居寺路—后石门路—石水路—高庄村。

（2）G4京港澳高速—琉璃河收费站—向西行驶至琉陶路—左转京深路—042县道—房易路—石水路—高庄村。

（3）西六环接G5京昆联络线—长沟站—云居寺路—后石门路—石水路—高庄村。

3. 休闲观光的最佳时节

每年的9—10月是水稻生长黄绿镶嵌最佳时刻，也是游人参观的最佳时间。与此同时，在稻田里养殖鱼虾、螃蟹，游人可参与稻田摸鱼活动。11月初当地还组织水稻收割活动，家长可以带着孩子来参加水稻收割活动。

三、拒马河多鳞铲颌鱼

（一）拒马河多鳞铲颌鱼资源概述

1. 拒马河多鳞铲颌鱼资源特点及品质特色

多鳞铲颌鱼是北京地区鲤形目、鲤科、鲃亚科现存的惟一一种，为珍稀鱼类。拒马河多鳞铲颌鱼体细长、稍侧扁、背稍隆起、腹部圆。头短、吻钝、口下位且有横裂，口角伸至头腹面的侧缘。其下颌边缘有锐利角质，须2对，上颌须极细小，口角须也很短，背鳍无硬刺，外缘稍内凹，胸部鳞片较小，埋于皮下。它体背黑褐色，腹部灰白，体侧每个鳞片的基部均有新月形黑斑，背鳍和尾鳍灰黑色，其他各鳍灰黄色，外缘金黄色，背鳍和臀鳍都有一条桔红色斑纹。因其独特的地理分布和对生态环境的适应性，人们称多鳞铲颌鱼为活化石。

据《北京日报》报道，20世纪80年代，拒马河多鳞铲颌鱼每年的捕捞产量均在1 000千克以上。然而随着游客的增多以及多鳞铲颌鱼异常鲜美的味道，其市场价值陡增，商户见多鳞铲颌鱼卖价高、利润大，就使用“地笼”等禁止使用的捕鱼器具，竭泽而渔。如今，多鳞铲颌鱼已濒临灭绝。这看似不起眼的鱼儿，却曾与远古时期的“北京猿人”为伴，是名副其实的鱼类“活化石”，并且还与春江鲥鱼、青海裸鲤、大理裂腹鱼和异华鲮鱼并称为中国五大名鱼，因此就显得尤其珍贵。

拒马河多鳞铲颌鱼生活于拒马河，每年要在拒马河下游和上游的鱼谷洞之间往返迁徙，这种鱼一般于秋季白露节气前后“鱼贯进入鱼谷洞”，在春季谷雨节气前后“蜂拥游出鱼谷洞”。因此，当地人俗称拒马河多鳞铲颌鱼为“鱼谷洞”。这种多鳞铲颌鱼不仅科学研究价值大，而且其肉质细嫩、味美不腥，还有滋补明目等功效，并含有治疗心脏病药物的主要成分，因而具有很高的食用价值和保健养生价值。

北京地区鲤形目、鲤科、鲃亚科现存的惟一一种多鳞铲颌鱼

2. 拒马河多鳞铲颌鱼生长区域特点

多鳞铲颌鱼在北京地区只分布在拒马河，20世纪60—70年代，在房山十渡拒马河段新发现并采集到标本。多鳞铲颌鱼生活在拒马河上游水流较平缓、多砾石、浅水的底层水域。以藻类为主要食物，兼食底栖动物。拒马河全长61公里，行政区域跨越房山区十渡镇和张坊镇，其地理坐标为东经115°29′23″～115°41′13″，北纬39°34′33″～39°39′4″。

拒马河多鳞铲颌鱼多栖息在河道为砾石底质、水清澈低温的河流中，常借助河道中溶岩裂缝与溶洞的泉水发育，秋后入泉越冬。拒马河上游的鱼谷洞

拒马河多鳞铲颌鱼

即是一处由岩石断裂形成的溶岩洞泉，多鳞铲颌鱼冬季栖身于岩石缝中，在谷雨节气前后人们就能看到泉水不断喷出鱼来（即多鳞铲颌鱼随着泉水涌出游向拒马河下游），当地人称之为“出泉”。拒马河多鳞铲颌鱼的出泉多集中于夜半三更，鱼儿头部朝内，尾部向外，集群而出，一般要经过8～10天多鳞铲颌鱼才能完成出泉。

3. 拒马河多鳞铲颌鱼的生产历史

据1984年北京出版社出版的《北京鱼类志》记载，北京自然博物馆自1962年开始，陆续在北京地区各个水域及山区小溪采集和查看了600多件标本，发现了两种在动物地理学研究上极具价值的珍贵鱼类，即鲑科的细鳞鱼和鲃亚科的多鳞铲颌鱼。

为防止这一名贵的野生品种在拒马河流域灭绝，北京市水产科学研究所已经于2009年开始了多鳞铲颌鱼的人工繁殖研究并已初步取得成功。这不仅为北京市开展濒危水生生物品种的保护奠定了坚实的基础，而且通过逐步开发该品种的成鱼养殖，未来有希望将这一曾与“北京猿人”相伴的古老优良鱼种分期分批地向北京市场推广。

美丽的多鳞铲颌鱼

4. 多鳞铲颌鱼的营养价值

多鳞铲颌鱼不但肉质细嫩，味道异常鲜美，而且还以其营养丰富以及独特的药用保健价值而闻名于世。其DHA（即二十六碳六烯酸，俗称脑黄金）含量是鲨鱼的48倍，其EPA（即二十六碳五烯酸，属于ω-3脂肪酸，是鱼油的主要成分）含量是鲨鱼的32倍，这两种成分均是治疗心脏病药物的主要成分。

据分析，多鳞铲颌鱼肌肉中的水分含量低于大部分淡水鱼类，同海水鱼类肌肉中的水分含量相当；肌肉中粗蛋白含量高于大部分的淡水鱼类，同海水鱼类的蛋白含量相当；肌肉中粗脂肪含量达3. 01%，明显高于其他鱼类。多鳞铲颌鱼肌肉中共含有18种常见氨基酸，其氨基酸总量为77.28%（占肌肉干重），其中包括7种人体必需氨基酸。多鳞铲颌鱼肌肉中鲜味氨基酸的含量为干重的29.15%，高于一般淡水鱼类，这也就是多鳞铲颌鱼异常鲜美的原因所在。

因此，拒马河多鳞铲颌鱼是一种味道鲜美且具有较高保健价值的珍稀鱼类。未来通过人工繁育和人工养殖拒马河多鳞铲颌鱼，将会创造很高的经济价值。

（二）产地的人文历史

1. 关于拒马河

拒马河古称涞水。从河北涞水县经由十渡镇套港入房山区境，流经十渡镇、张坊镇，在张坊村村西出山，到铁锁崖分南、北两支。南支称南拒马河，从铁锁崖处东南流入河北省涿州市。北支称北拒马河，河水东南流，在大石窝镇南河村出境，入河北省涿州市。

拒马河在房山区境内主河道长61公里，流域面积433.8平方公里，其中山区河道长41.5公里，流域面积395.4平方公里。房山区境内拒马河支流有宝水、南泉水河和北泉水河。

宝水原称豹儿水，源自小寒岭东南，汇合东村水、雀鸣山水、黑龙山港水、五条坑水、姑娘港水至十渡村村东南入拒马河。

南泉水河古称独树水，源自大石窝镇水头村村西北丘陵区，水源主要来自水头泉和高庄泉，河道基流长年不断。河水流经大石窝镇水头、下庄、石门、高庄、南半壁店等村和长沟镇南正、双磨等村，在北良各庄村村东出境，出境后与北泉水河汇合称胡良河，至河北省涿州市张村村南汇入北拒马河。

北泉水河原称长沟河，源自长沟镇三座庵村村西丘陵区，水源主要来自甘池泉群，河道基流长年不断，河水流经西甘池、北甘池、南甘池、东甘池村和长沟镇，在长沟镇南出境，出境后入河北省涿州市，与南泉水河汇合后入北拒马河。

美丽拒马河的风景

2. 关于“十渡”地名的传说

拒马河多鳞铲颌鱼每年春季谷雨节气前后，会从“鱼谷洞”蜂拥游出，进入拒马河房山段。这个“鱼谷洞”就位于房山区十渡镇。

相传，古代的拒马河水量很大、流水很急，河上不能架桥，因此，拒马河每拐一个大弯进入一个村庄就会有一个渡口。房山境内的拒马河在一渡至十渡之间的20公里之内，总共有十个大拐弯，沿河分布着十个村庄，也就有十个渡口，“十渡”就是由此而得名的。

“十渡”地名的由来还有另一种说法，这种说法与佛教有关。“十渡”是佛教的“十方世界，普渡众生”的简称。“十方世界”即指东方、南方、西方、北方、东南方、东北方、西南方、西北方、上方和下方。为什么“十渡”地名中的“一渡”至“五渡”都没有叫做“渡”，而从“六渡”开始才叫“渡”呢？因为佛教的信徒要做到“五戒”（亦称五关），即不杀生、不偷盗、不邪淫、不妄语、不饮酒。只有过了这五关才能“得以度化”，因此，“五渡”名叫“西关上”。佛经中的“六波罗蜜”又称为“六度”，是指菩萨的行为，在古印度语中其意思是“度到彼岸”，即“六到彼岸”，具体是指佛教提出的从生死彼岸到达涅槃彼岸的六种途径。这六种途径是：布施、持戒、忍辱、精进、禅定、智慧。佛教中把有缘、应该得度的众生，统统度化了，即为“众生度尽、方证菩提、自利利他”。因此，“十度”既是功圆果满的象征，也是“十渡”地名的由来。

十渡春天的风景

（三）交通情况与最佳观光时节

1. 公交车路线

（1）在天桥汽车站乘坐836路公交直达十渡。

（2）在广安门内公交车站乘坐836路十渡站下车。

2. 自驾车路线

进入京港澳高速，至琉璃河/韩村河出口下，沿岳琉路向西行驶13.3公里左转进入房易路，行驶2.6公里右转进入云居寺路，行驶11.8公里左转进入周张路，行驶7.3公里靠右进入涞宝路，行驶15公里到达十渡自然风景区终点。

3. 休闲观光的最佳时节

春季可以踏青采风，夏秋季观光采摘，参加农事活动，当地也组织了亲子趣味农家乐活动等。最佳游览时间每年4—11月。

第四篇 大兴区地域特色农产品

一、大兴西瓜

（一）大兴西瓜资源特点概述

1. 大兴西瓜资源特点及品质特色

大兴西瓜在大兴区独特的自然环境和人文环境下，形成了其独特的品质和历史文化传统。作为西瓜产品，大兴西瓜的主要特点是：果型为中果型，果实圆形，单瓜重在3～6千克。大兴西瓜瓤为粉红色，色泽鲜艳，晶莹剔透；从质地与风味来看，大兴西瓜皮薄，瓜瓤脆沙，甘甜多汁，纤维含量少，爽口，风味绝佳。

为传承西瓜文化，大兴区从1985年开始兴办“大兴西瓜节”，至今以举办了29届。29年来，通过“大兴西瓜节”，大兴的西瓜文化早已传播京城，并且开始向全国弘扬。为了更好地挖掘悠久的西瓜历史文化，早在2004年大兴就兴建了“中国西瓜博物馆”。这是我国至今唯一的一座西瓜博物馆，落于大兴区庞各庄镇西甜瓜示范园区内，建筑面积4 000余平方米。它展示了我国栽培西瓜的悠久历史和新中国成立以来有关西瓜科研发展的

著名的“大兴西瓜”

辉煌历程，是以大兴西瓜栽培文化为代表的我国西瓜历史文化的固化形式。

2. 大兴西瓜生长区域特点

大兴西瓜已经于2007年获得国家质量监督检验检疫总局颁发的“国家地理标志保护农产品”证书。其国家地理标志农产品保护范围为北京市大兴区庞各庄镇、北臧村镇、礼贤镇、榆垡镇、魏善庄镇、安定镇6个镇管辖的行政区域，地理位置是东经116° 13′ ～ 116° 18′，北纬39° 26′ ～ 39° 37′。

大兴西瓜享誉全国，除了与大兴悠久的种植西瓜历史、瓜农丰富的种植经验有关之外，还与大兴的自然条件密不可分。大兴区属于温带半干旱大陆性季风气候带，日照时间长，昼夜温差大，非常有利于西瓜糖分的积累。大兴地处永定河冲积平原，土壤肥沃，透气性好，导热性强，有利于西瓜营养物质的吸收；当地土壤中还含有西瓜生长不可或缺的硼、锰、镁等微量元素。土壤的pH为6.0 ～ 8.5，土壤有机质含量不低于1.0%，土质为沙土。

搭架栽培的大兴西瓜

大兴西瓜有严格的栽培管理规程，对如何嫁接、施用什么肥料、何时定植、何时整枝、何时授粉、何时采收等都有详细的栽培规定。大兴西瓜实行全产业链可追溯制度，市场销售的西瓜都能凭借可追溯体系查询到每个环节的责任者，从根本上保障了消费者的食用安全。

此外，大兴在西瓜品种选育方面也投入了大量的心血，他们组织一批专家进行了大量的实验，筛选出一批既适合本地种植，又符合人们口味的西瓜品种。如今，大兴区西瓜种植面积已达到0.67万公顷，年产西瓜2.6亿千克，西瓜种植面积和西瓜产量均居京郊之首。

3. 大兴西瓜的生产历史

古代西瓜的栽培经历了辽、金、元代，直至清朝晚期，“其特点是西瓜栽培技艺虽已达到一定水平，但栽培方式简单，种植品种十分缺少。”据《北京通史》第三卷记载，在辽太平年间西瓜就已在北京地区普遍种植，元代每年的五月至八月，“太庙荐新、迎接大驾还宫等喜庆日，西瓜作为时令果品进上。”据《元一统志》记载，当时元大都附近所产西瓜只有两种，一种“瓜甚大，人只可负二枚”。还有一种小个西瓜，“瓜名已失传”。至晚清，北京地区主要种植有“大花苓”“小花苓”“西洋枕”和“疯瓜”。

北京大兴区种植西瓜已有400多年的历史。据《北京通史》记载，辽太平年间北京地区已开始种植西瓜，明清时期庞各庄就成为北京西瓜的主产区。庞各庄西瓜从元代开始就成为皇家宫廷贡瓜，在明代庞各庄西瓜又成了皇帝祭奠列祖列宗的贡品。这一习俗一直延续到清代末期。

新中国成立以后，在“以粮为纲”的年代，大兴西瓜仅是北京市民夏季消暑解渴的一种水果，是农民栽培的一种作物。当时西瓜栽培方式一直沿用传统的方法，遵循着“谷雨前后，栽瓜种豆”的祖训，栽培方式传统和主栽品种单一是那时的突出特点。

几十年以前，大兴西瓜生产以露地直播为主，主要是利用当地的自然气候和土壤条件，再加上人工管理，来种植商品西瓜以供应市场。根据是否需要补充灌溉，栽瓜分为旱瓜与水瓜两种栽培方式；根据作畦方式的不同，又分为高畦、平畦和低畦三种不同栽培方式；根据是否搭西瓜架，分为地爬和高密度搭架栽培两种栽培方式；根据育苗与否，分为露地直播栽培方式和保护地育苗露地移栽两种方式。

那时的主栽品种以传统地方品种和极少数引入品种为主，这些品种长期在本区种植，其代表品种有：三白、手巾条、花狸虎、核桃纹和大小黑蹦筋等。

直到20世纪80年代，北京开始农业种植结构调整，大兴西瓜作为一种经济作物才开始受到重视。广大瓜农和科技人员也开始探索新的栽培技术，改良西瓜种植品种。在这一时期，地膜覆盖加小拱棚的双膜覆盖保护栽培方式开始在大兴区推广应用，以后中棚西瓜栽培试验成功，杂交西瓜品种也普遍应用，这为大兴西瓜产业的发展奠定了良好的基础。

此后，大兴区率先开展地膜覆盖西瓜种植，并取得了良好的经济效益；保护地育苗露地移栽的栽培技术也得到了广泛的应用，这大大提前了大兴西瓜的上市时间。由此，大兴西瓜产业走上了快速发展之路。如今，大兴西瓜已经成为大兴区的一张重要名片，“大兴西瓜”的美名传扬四海。

大棚栽培的大兴西瓜

4. 大兴西瓜的营养价值

大兴西瓜单瓜重在3～6千克，瓜瓤色泽鲜艳，晶莹剔透，瓜皮薄，瓜瓤脆沙，甘甜多汁，纤维含量少，爽口，风味佳。大兴西瓜的中心含糖量为11%～12%，边缘含糖量不低于8%，糖酸比为45～50：1，每100克瓜肉番茄红素含量不低于3.0毫克、维生素C含量不低于6.0毫克。同一品种的西瓜，在大兴区种植比在京郊其他区域种植含糖量会高出1%～1.5%，大兴西瓜的质地也会更加酥脆多汁。

大兴西瓜已经从原来仅用于夏季消暑解渴的时令果蔬，转变为周年供应、四季皆宜、食用安全的高品位果蔬产品。

（二）庞各庄西瓜的传说

京南瓜果之乡庞各庄有句口头禅："吃瓜要吃脆沙瓤，吃梨要吃金把黄"。这脆沙瓤的瓜就是指庞各庄的西瓜，尤其是指浑河东岸一带（庞各庄位于浑河东岸）种植的西瓜，因这里产的西瓜沙、脆、甜。

传说很久以前，佛祖如来在西方极乐世界培育出一粒母瓜子，故其结出的瓜取名为"西瓜"。

那是一个炎热的夏天，浑河两岸晴空万里、堤柳婆娑，紫燕黄莺穿梭而过。如来佛祖决定在浑河东岸将自己培育的母瓜子进行种植验证，并希望能让众神仙品尝这新培育出的瓜。这一日，各路神仙纷纷应邀赶来一聚。大肚弥勒佛哈哈大笑，告诉众神仙他在天山脚下培育的瓜像蜜一样甜，是由阿凡提用驴驮着送来的，这便是后来的新疆哈密瓜。

来到这里品尝瓜的还有玉皇大帝以及八仙之一的张果老等。在浑河东的堤岸上，柳荫下摆放着一张八仙桌，上面有一玉钵，玉钵内就是那粒母瓜子。众神仙培育的瓜，有的沙、有的甜、有的脆，凡品尝后认为好的都取一滴瓜汁，滴入玉钵内。然后再由南海观世音从玉净瓶里取出三滴水注入玉钵中。半个时辰以后，取出母瓜子放进土里，将玉钵内的瓜汁与净水洒向整个大地。

且说阿凡提用来驮瓜的驴，那是一头母驴。而张果老骑着驴正好赶到，他骑的是一头公驴。公驴一眼就看到了那头母驴正在向它频频摇尾。这头公驴按捺不住，大叫一声便朝母驴扑了过去。张果老没有防备，一个筋斗就被这头公驴摔出了三丈多远。

这一下可闯了大祸，八仙桌被碰倒，玉钵被摔碎，那粒母瓜子顿时落地生根，很快便破土长叶、开花结果。时间不长，一个硕大的"黑蹦筋"西瓜就呈现在众神仙面前。

张果老这才从地上爬起来，抓住了公驴的疆绳，来到佛祖面前请罪。如来佛祖大怒："今天的事全让你闹坏了，这玉钵内的水如果洒向整个大地，那到处都能结出沙、脆、甜的西瓜，各地的人也就都能吃上这沙、脆、甜的西瓜了。可惜，这水只洒在了浑河东岸，只能在这浑河东岸长出沙、脆、甜的西瓜，我也只能是让这方的百姓享到这口福了。"如来佛祖打开了那"黑蹦筋"西瓜，红子黄瓤，煞是好看。众神仙一尝，果然是沙、脆、甜。

国家地理标志保护产品

大兴西瓜

公告号：2007年第93号

国家质量监督检验检疫总局
二〇〇七年六月十八号

2007年获得的"国家地理标志保护产品"证书

（三）交通情况与最佳观光时节

1. 公交车路线

（1）南礼士路乘842路，庞各庄桥下车。

（2）地铁4号线，天宫院出口转乘兴28路公交车庞各庄桥下车。

（3）地铁4号线，天宫院出口转乘兴30路公交车，在瓜乡桥站下车。

（4）乘844路（或937路），在黄村东大街东口南站下车，换乘937路（或842路、兴28路），在瓜乡桥站下车。

2. 自驾车路线

京开高速路13号庞各庄出口，辅路前行100米即到。

3. 休闲观光的最佳时节

休闲观光的最佳时间为5月初至7月初，可参观西瓜博物馆、乐平御瓜园、瓜乡大道；可采摘设施西瓜、甜瓜、露地西瓜；可品尝民俗特色回族餐厅（集烧烤涮为一体的美食特色餐厅）、东方绿洲（三江鱼宴）及农家饭。

二、金把黄鸭梨

（一）金把黄鸭梨资源特点概述

1. 金把黄鸭梨资源特点及品质特色

金把黄鸭梨原产于北京大兴区庞各庄镇梨花村，这种鸭梨果实个大、皮薄、色黄、肉脆、含糖量高，具有极佳的口感和独特的芳香，是鸭梨中的上品。

成熟的金把黄鸭梨

金把黄鸭梨平均单果重160 ～ 190克；果实外形美观，果肩顶部有鸭头状凸起；果实表面光滑、有天然蜡质、果点小，果

皮细滑；果皮呈现绿黄色，贮后变成金黄色，色彩十分喜人；果核小，果肉呈白色，肉质细而脆，其中可溶性固形物占12.2%～13.8%。果实成熟期为9月下旬，熟透了的金把黄鸭梨通体呈现金黄色，其甜蜜芳香的汁液令人口齿生津，食过之后长久难以忘怀。

2. 金把黄鸭梨生长区域特点

金把黄鸭梨原产于北京大兴区庞各庄镇梨花村，这里地处永定河冲积平原地带，梨园土质为沙质壤土。当前金把黄鸭梨主要分布在大兴区庞各庄、榆垡、长子营、安定、魏善庄这5个镇，其中尤以庞各庄镇梨花村种植面积最大。梨花村是北京市著名的梨树种植专业村，该村地理位置为东经116° 18′ 46″ 、北纬39° 37′ 45″ 。梨花村拥有华北地区面积最大、树龄最长、品种最多的古梨树群，其中最古老的一棵金把黄鸭梨树树龄已达420年，至今仍然枝繁叶茂，每年秋季依然果实累累。

永定河冲积平原地带冬春时节风沙很大，梨园每年秋季的落叶会被风沙掩埋在梨树下的沙壤中，经过雨淋日晒后变成极好的天然有机肥料，能自然实现“梨树落叶—风沙掩埋—腐化为有机肥料—减少外源性肥料施用量”的有机

春日里梨花村的梨花开放

低碳生产经营模式。这符合当今人们倡导的减少碳排放，倡导有机种植经营，从源头上保障食品安全的经营理念。

3. 金把黄鸭梨的生产历史

梨花村过去曾叫南庄村，以盛产金把黄鸭梨而著称。据《宛署杂记》记载，早在1593年（明朝万历二十一年），金把黄鸭梨就作为贡品进献给皇宫食用，400多年来金把黄鸭梨一直享誉京城。目前，梨花村现存树龄在百年以上古梨树3万多棵，曾被明朝万历皇帝御封为金把黄鸭梨的贡梨树树龄已达420年。

梨花开放，梨园看似“香雪海”

北京大兴区共有梨园4 000多公顷，年产量鸭梨5 000多万千克，其中庞各庄镇梨园面积占到大兴区梨园面积的一半，拥有梨园2 000公顷，已经成为北京地区面积最大的开放采摘梨园。庞各庄镇每年有3 000多万千克的鸭梨总产量，产品销售到北京市场乃至全国市场。

4. 金把黄梨园的观光特点

梨花村金把黄鸭梨的梨园不仅盛产甜蜜芳香的金把黄鸭梨，而且四季都有梨园美景。在北京发展都市型现代农业的背景下，梨花村以梨园为载体，大力发展以梨园为核心的观光休闲农业。春季可在梨园赏叶观花，片片梨树嫩叶呈现出老枝新叶的葱茏美景，一旦梨花开放，又会呈现出一片万亩“香雪海”的醉人美景。夏季梨园草木繁盛、枝繁叶茂、幼果累累，金把黄鸭梨园又是一处避暑的绝佳场所。梨园由于梨树渐次栽植、疏密有致，因而通风与散热极好，梨园远比附近的村庄要凉爽许多，更是城市人躲避城区酷暑高温的好去处。秋季梨园中金黄色的鸭梨硕果累累，恰是休闲、采摘、品尝金把黄鸭梨的最佳时节。冬季寒风来袭，梨园中满地的金黄落叶和独具造型感的梨树枝干，依然是具有自然雕塑感的天然画卷，美景依依、令人流连。

梨花村春天梨花盛开

早在2009年梨花村就被评为“北京最美的乡村”之一。梨花村除了种植梨树、经营梨园，其梨园的四季风貌也吸引了大批游客，以梨园为核心的休闲观光农业发展良好。随着梨花村对于金把黄鸭梨历史文化的挖掘，以及每年举办的以“梨文化”为核心的梨花节，金把黄鸭梨采摘节等活动的推广，其梨园已经成为种植梨树、生产金把黄鸭梨特色产品、开发鸭梨加工品和衍生品、发展休闲观光农业的融合一、二、三产业于一体的新型农村产业。这种新型农村产业会借助“梨文化”的平台不断深入发展，最终在促进梨园产业发展的同时，也带动梨花村的农民实现增收致富。

（二）“金把黄”鸭梨的传说

话说京郊大兴区庞各庄镇有个梨花村，这个村过去叫做南庄村，位于浑河（永定河）东岸，是个远近闻名的产梨村，尤其是这里盛产的“金把黄”鸭梨更是久负盛名。

明朝万历年间，南庄村里住着个姓寇的秀才，此人才学渊博，天文地理，无所不晓。因此，颇受皇帝的赏识，经常召进宫去谈古论今。尽管这人没做大官，因经常和皇上来往，当地百姓无人敢小视，称此人为“寇大官人”。

这一年正是中秋佳节，皇帝又把寇大官人召进宫去一起饮酒赏月。君臣二人边聊边饮，酒过三巡，菜过五味，皇帝对寇大官人说：“寇爱卿，今天我让你品尝一样东西。”说完，皇帝拿出个白皮大水萝卜对寇大官人说“朕最爱吃的是萝卜，这是前天北村进贡来的。这种萝卜白皮绿瓤，名唤‘葱心绿’，又甜又脆，味道极佳。”寇大官人没有立即去接，只是微微一笑，对皇帝说：“陛下，我今天也给您带来一样我们村的土特产，您看。”说罢，取出了两个梨子放在桌上，每个都有八九两大小，金把黄皮，散发着沁人心脾的芳香。寇大官人对皇上说：“请万岁尝一尝这梨子，保证您满意。”皇帝接过梨子，放在嘴里一咬，只觉得这梨子比糖还甜，真是味甘色美，香气扑鼻。皇帝对寇大官人说：“我这里已有一句上联，你给对个下联。”只见皇上拿起了那个萝卜，笑吟吟地说：“北村萝卜葱心绿。”寇大官人稍一思索，看了看桌上的梨子，立即回答：“南庄鸭梨金把黄。”这皇上一听，龙颜大悦，拍手叫绝：“好，对得好，不但结构严谨，内容也非常贴切。好一个‘南庄鸭梨金把黄’！朕就封这南庄的鸭梨为‘金把黄’。”于是这南庄的金把黄鸭梨，一直流传至今。

（三）交通情况与最佳观光时节

1. 公交车路线

（1）乘地铁4号线至黄村火车站下车，换乘兴22路梨花村下车即到。

（2）乘410路、631路、968路公交车至黄村火车站，换乘兴22路梨花村下车。

(3) 乘937路公交车在三中巷站下车，步行至影剧院站，乘坐兴22路，在梨花村口站下车

(4) 乘842路公交车，在黄村长途站下车，换乘12路梨花庄园下车即到。

2. 自驾车路线

京开高速路14号东赵路出口，前行100米到梨花桥右转，上桥左转至赵村方向前行4公里即到。

3. 休闲观光的最佳时节

每年4月初至4月中旬，可来观赏梨花；每年9月初至10月中旬，采摘金把黄鸭梨及其他梨产品。当地还可以刨花生和红薯，来梨园可品尝绝味烤薯、金把黄梨汤和梨酒。

第五篇　平谷区地域特色农产品

一、井峪贡柿

（一）井峪贡柿资源特概述

1. 井峪贡柿资源特点及品质特色

井峪贡柿原产于平谷区王辛庄镇井峪村，村里现有百年以上的大柿树300余株。井峪贡柿的突出特点是果实个大、表面光洁、橙红艳丽、无核、易脱涩、果肉细腻、皮薄多汁。这种柿子清甜可口，营养价值很高，富含铁、锌等多种矿物质，所含的维生素和糖分也要比一般水果高很多，鲜柿果中还含有无机盐、矿物质和黄酮。

井峪柿子果实极大，平均单果重可达210 ～ 260克，果形整齐，纵径5.2厘米，侧径8.5厘米，横径8.1厘米，心皮发育均匀，果皮橙黄色，表面细腻，缢痕明显，位于果腰，将果肉分成上下两部分，果顶广平深凹，果肩棱状。井峪柿子果肉橙黄色，无褐斑，纤维少而长，柿果浆液特多，味甜，硬柿脆而甜，髓为长形，无核，果实能较快地软化，果皮不皱缩，易脱涩，口感上等，但柿果不耐贮运。

熟透了的井峪贡柿

从生物学特性来看，井峪柿子的幼树和成年树生长势均中等，在山地生长的百年大树（砧木为君迁子）株高10米，枝展7.0米×6.3米，干高1.4米，萌芽力强，成枝力较强，嫁接后4～5年可结果，以中、长果枝结果为主，花着生在果枝的中、下部。15年生后进入盛果期，果实品质好，经济寿命期长，树株抗逆性强，易于栽培管理。

井峪贡柿的果实成熟期较磨盘柿要早1个月，属于早熟品种，产量“大小年”现象不严重，单性结实能力强，不用栽植授粉树。柿树抗寒力强，抗旱力强，耐瘠薄，只是果实不耐贮运。

硕果满枝头

2. 井峪贡柿生长区域特点

井峪村地处半山区，乡村经济以第一产业经营为主，村内家家都种有井峪柿子树，百年以上树龄的老树很多，种植井峪柿子已经成为井峪村民最主要的经济收入来源。在2004年，井峪村荣获国家环保总局有机食品转换认证，并注册了“京东井峪”柿子商标。在2007年，举办了首届“井峪金秋有机贡柿采摘节”，吸引了许多游客前来观光和采摘。

井峪贡柿地域保护范围为平谷区王辛庄镇，位于平谷城区北侧，南与城区相接，北至燕山脚下，东与兴谷开发区相接，其地理坐标为东经117°03′41″、北纬40°13′09″。

青涩的井峪贡柿

3. 井峪贡柿的生产历史

在《平谷民间文学大观》有这样的记载：隋朝时，隋炀帝杨广巡游，来到平谷井峪这个地方。因为机缘巧合，刮掉了老果树皮，于是就把大柿码子（接穗）黏贴于果树上，一来二去，这里满山遍野都被嫁接成了大柿子树。此后这里的柿子年年都要进贡到朝廷，于是这里的柿子就被称为“井峪贡柿”。

这则故事在当地流传已久，也许就是祖辈人虚构出来的一个故事，但它却间接证实了井峪村栽培柿子的历史悠久。目前，井峪村尚有树龄在百年以上的柿子树300多株。这里的每株百年老柿子树都见证了井峪村至少上百年的柿子栽培历史，这些古老而依然挺拔的老柿子树至今依然还能每年开花结果、造福村民。

近年来王辛庄镇政府和井峪村都十分重视井峪贡柿这一传统特色果品产业的发展，希望能将原产于井峪村的经历过沧桑历史变迁的井峪贡柿，打造成有活力的新型乡村经济产业。

目前，井峪贡柿的柿树栽培数量还在逐年增加，农业科技部门也在引导当地村民改善柿树的栽培管理技术，推广有机农产品栽培管理规范，进一步提高井峪柿子的产品品质。井峪村的乡村休闲农业也在加快发展，目前已经有民俗旅游接待户85户。

未来，当井峪村的井峪贡柿栽培和乡村休闲农业发展实现了彼此相互促进时，井峪贡柿产业发展将跃上一个新的台阶。

柿树美如画

4. 井峪贡柿的营养价值

井峪贡柿营养价值很高，富含钙、磷、铁、锌等矿物质，所含的维生素和糖分也要比一般水果高很多，鲜柿果中还含有无机盐、矿物质和黄酮等物质。据测试分析，井峪柿子果实含水量为81.08%，含总糖14.73%，含可溶性糖13.81%，含粗蛋白0.37%，每百克鲜果中含维生素C为4.4毫克、含钙10毫克、含磷19毫克、含铁0.2毫克。

（二）井峪贡柿的传说

据说有一年秋后，井峪有位老汉去县城卖柿子。回来时天已经擦黑了，忽然他发现一个人躺在了路边。老汉走近前一看，是个三十来岁的年轻人，便轻声呼唤。年轻人渐渐苏醒过来，老汉一问，才知道年轻人躺在路边的原由。

原来这位年轻人是口外那边人，姓李，本欲进京赶考，不想走到半路，遇到一伙强盗，把他身上所带的盘缠抢得一干二净，骑的一匹大骡子也给抢走了。他已步行了两三天，且水米未进，便饿昏了过去。

老汉很着急，说："咋办，我身上什么吃的也没有啊。要不，你先吃点柿子吧，我车上还有几个没有卖完呢。”说完老汉就拿来柿子，双手托到那人的嘴边。那人一口气吃下三个大柿子，还嫌不够。老汉说：“不能再吃了，你是空肚子，本来就不该吃柿子的，会反胃、不舒服。”老汉心肠很好，又跟那人说：“要不你就跟我回家养息一两天再走。”可那人怕耽误了进京赶考的时日，不愿留宿。老汉就把卖柿子的几个钱给了那个人，说：“那你先到前面村庄的人家里，找点饭吃再走吧。”

李姓年轻人，进京赶考后，还真中了个头名，过了两年居然成了皇上身边的宠臣。李姓大臣也算是有良心，此后还专门派人去井峪打探帮助过他的那个老汉，可是老汉已经过世了。

有一天皇宫摆宴席，皇上大宴群臣，酒酣耳热之际，皇上便问起大臣们：“谁的家乡有更好吃的东西，皆可奏报上来。”那位李姓大臣就说起了井峪的柿子是如何的好吃，也说了当年在井峪被救之事。之后又说：“人们都说柿子空肚子不能吃，会反胃、不舒服，可我空肚子连吃三个柿子也没事，反倒更觉得有精神了。还有人说酒后不能吃柿子，可那井峪的柿子跟别处的不大一样，或许酒后吃了还能解酒呢。”皇上听了大悦，说道：“那就派人去井峪走上一趟。”

从此，井峪的柿子便大大地出名了。即使在今天，人们还常常说起井峪的柿子真的能够解酒，而且空肚子吃井峪贡柿，真的不会反胃和不舒服。

（三）交通情况与最佳观光时节

1. 公交车路线

在东直门乘坐852路（东直门—平谷汽车站）平谷汽车站下车，下车后马路对面乘坐33路（平谷新车站—井峪），在井峪下车。

2. 自驾车路线

沿京平高速公路行驶，从平三路/东高村/平谷城区/三河出口离开稍向右转进入东高村桥，沿东高村桥行驶至西高村西路，直行进入林荫南街，沿林荫南街行至府前西街，沿谷丰路直行进入平程路，行至昌金路，进入太东路，进入井峪路，沿井峪路行驶1.6公里，到达终点。

3. 休闲观光的最佳时节

井峪贡柿的采摘时间为每年的11月。这时可以来这里观赏和拍摄火红的柿叶，并采摘红艳艳的柿子。

二、平谷大桃

（一）平谷大桃资源特点概述

1. 平谷大桃资源特点及品质特色

平谷大桃生产历史悠久，早在明代就有栽种桃树的文字记载。平谷现今是北京最大的果园，其果品种植面积达到3.33万公顷，果品总产量连续20多年位居北京之首。平谷果品种类丰富、品质优越。平谷大桃个大色鲜，口感独特，已成为北京市的名优果品，深受消费者和游客的喜爱。

平谷地处燕山山脉南坡，不仅日照充足，水系独立，而且土壤呈沙质，非常适宜桃树的种植和生长。如今平谷大桃种植面积已达1.33万公顷。

平谷大桃有四项全国之最：一是产量大，年总产量达1.9亿千克；二是出口量高，每年出口1 600万千克；三是品种全，平谷大桃有黄桃、白桃、油桃、蟠桃四大系列，共218个品种；四是应市时间长，平谷大桃从2月底就可上市，一直持续到11月底，一年四季，三季有鲜桃，应市时间长达10个月之久。

汁多味美、芳香诱人、色泽艳丽、营养丰富的平谷大桃

2. 平谷大桃生长区域特点

平谷区地处北京市东北部，位于燕山西麓、华北大平原北缘，三面环山。地形分为中低山区，岗台阶地区和洵河、泇河洪积冲积平原，属于暖温带大陆性季风气候，海拔11 ～ 1 188米。平谷大桃适合种植生长的海拔高度范围为11 ～ 588米。当地年平均气温为11.5℃，大于0℃的积温为4 470℃，大于10℃的积温4 121 ～ 4 945℃，年平均无霜期为191天。

平谷大桃种植区昼夜温差大，雨热同季，全年日照为2 729.4小时，5月日照时数最多，为287.3小时。这一地区年平均降水量为639.5毫米，降水季节性分配不均，冬季降水仅9.6毫米，降水夏季最多，年平均为479.1毫米，占到全年降水量的74.9%。

平谷大桃地域保护范围为平谷区，地理坐标为东经116° 55′ 22″ ～ 117° 24′ 9″，北纬40° 1′ 44″ ～ 40° 22′ 39″。这一区域水资源较为丰富，地表水年径流量年均值为3.10亿立方米（包括入境地表水1.11亿立方米），当地为沙壤土和轻壤土，土壤pH为6.0 ～ 8.0，含盐量（以NaCl计）≤0.14%，土壤有机质含量≥0.8%。

3. 平谷大桃的生产历史

平谷大桃畅销国内外，在国内平谷大桃覆盖了国内30多个省、直辖市、自治区的消费市场，在国际上平谷大桃还远销到东南亚、日本、韩国、欧洲、美国、俄罗斯等20多个国家和地区。平谷大桃已连续多年在销售量、销售额、出口量、出口额上位居全国之首。

平谷大桃不是单指某一个品种，而是泛指平谷区生产的全部大桃。由于平谷区的自然条件适合于大桃的种植和栽培，因而这里生产的各个品种大桃品质均会优于其他地域，这也是平谷大桃生产的优势所在和独特之处。

“平谷大桃”已被评为全国知名商标品牌，被欧盟确定为进入欧盟的10个中国农产品之一。随着平谷大桃产业的发展，平谷的生态建设也走在了全市的前列。平谷区林木面积覆盖率为63.7%，其中，果树面积有2.72万公顷，占平谷区林木面积的48%。而平谷大桃面积为1.47万公顷，占全平谷区林木总面积的25%。大桃所产生的生态效益高达40多亿元，极大地促进了当地生态环境的改善。因此，平谷大桃产业的发展，助推了平谷区成为北京市生态环境最好的区县。

平谷大桃产业有效地带动了当地相关行业的发展，综合发展效益十分突出。一是带动了餐饮、包装、加工、农机等产业的发展，观赏桃花和采摘大桃使当地客流量加大，餐饮住宿业随之增长，桃花茶、桃子酒、桃木工艺品加工业随之兴起。与大桃产量增加相伴而生的包装产业也发展迅速，桃园使用的机械也随之普及。二是带动了桃文化产业的发展，成功开发出了鲜桃艺术品，比如在鲜桃上晒字、利用模具生产异型桃等，还创作出了一系列以平谷大桃为背景的话剧、诗歌、散文等作品，并举办了以桃为主题的摄影、书画、对联等创作比赛，丰富了平谷桃文化的内涵，提升了平谷大桃的文化影响力。

未来平谷大桃产业的发展要注重提高农户的组织化程度，以实现更高程度的规模化、机械化和标准化生产。另外，还要更加注重种植大桃的第一产业与第二、三产业的融合发展。

总之，近20年来平谷大桃产业促进了当地农民增收，促进了平谷乡村经济的发展，也促进了平谷生态环境的改善，走出了一条乡村经济绿色发展的独特路径。

收获后的平谷大桃

4. 平谷大桃的营养价值

平谷大桃汁多味美，芳香诱人，色泽艳丽，营养丰富。每100克果肉含糖

7～15克，有机酸0.2～0.9克，蛋白质0～0.8克，脂肪0.1～0.5克，含维生素C为3～5毫克，维生素B_1为0.01～0.02毫克，维生素B_2为0.2毫克，类胡萝卜素1 180毫克。平谷大桃的根、叶、花、仁皆可入药，具有止咳、活血、通便、杀虫等功效。

绿树丛中点点红

（二）平谷大桃的传说

话说孙悟空得了“齐天大圣”的封号后，只知日食三餐，夜眠一榻，无事牵萦，自由自在。今日东游，明日西荡，云去云来，行踪不定。一日，玉帝早朝，许旌阳真人启奏道：“今有齐天大圣日日无事闲游，结交天上众星宿，不论高低，俱称朋友。恐日后闲中生事。不如给他一件事管，免生事端。”玉帝闻言，即时宣诏，“叫他代管蟠桃园吧。”

悟空不敢怠慢，即刻进入蟠桃园内查勘。本园中有个土地，拦住问道：“大圣何往？”大圣道：“我奉玉帝点差，代管蟠桃园，今来查勘。”那土地连忙施礼，随即招呼那一班锄树力士、运水力士、修桃力士、打扫力士都来见大圣磕头，引他进去。

大圣看玩多时，问土地道：“此树有多少株数？”土地道：“有三千六百株。前面一千二百株，花微果小，三千年一熟，人吃了成仙得道，体健身轻。中间一千二百株，层花甘实，六千年一熟，人吃了霞举飞升，长生不老。后面一千二百株，紫纹缃核，九千年一熟，人吃了与天地齐寿，日月同庚。”大圣闻言，暗自欢喜，当日查明了株数，点看了亭阁回府。自此后，三五日一次赏玩，也不交友，也不他游。

一日，见那老树枝头，桃熟大半，他心想要尝个新鲜。怎奈本园土地、力士并齐天府仙吏紧随不便。忽设一计道：“汝等且出门外伺候，让我在这亭上少憩片刻。”那众仙果然退去。只见那猴王脱掉官服，爬上大树，拣那熟透的大桃，摘了许多，就在树枝上自在受用，吃了个饱，才跳下树来，整冠着服，唤众等仪从回府。迟三二日，又去设法偷桃，尽他享用。由此引发了一场大闹天宫。

说来也巧，悟空在代管蟠桃园偷吃鲜桃时，不慎将一最大的鲜桃遗落，此桃飘至人间，落在平谷丫髻山旁，恰镶于两巨石之间，化为“神桃峰”，耸立了千年。这一方土地借鲜桃之气漫山遍野长满一种果树，开花、结果，孕育成了一种可食可赏的果实。观其形，圆润有尖；察其色，绿里泛红；尝其味，似糖如蜜，食之可以充饥。百姓喜，于是辛勤栽培，百般呵护，终使其发扬光大。

春季里桃花漫天

（三）交通情况与最佳观光时节

1. 公交车路线

（1）从东直门乘坐852路或918路到达平谷畅观楼站，换乘21路、22路、23路、24路、41路、42路、47路均可到达大华山镇。

（2）从东直门乘坐852路或918路到达管庄路口站，换乘34路到达大华山镇。

2. 自驾车路线

（1）机场高速或京承高速至京平高速，密三路出口下沿密三路向北直行，进入胡熊路，到达大华山镇。

（2）机场高速或京承高速至京平高速，崔杏路出口下，沿崔杏路向北直行进入平关路，到达大华山镇。

3. 休闲观光的最佳时节

每年4月上旬至5月初可观赏桃花、采摘温室大桃，每年7月上旬至9月下旬可采摘露天大桃。

三、茅山后佛见喜梨

（一）茅山后佛见喜梨资源特点概述

1. 茅山后佛见喜梨资源特点及品质特色

平谷区金海湖镇茅山后村是佛见喜梨的原产地。佛见喜梨是北京地区濒临灭绝的沙梨系统珍贵的梨树品种之一，目前在金海湖镇已得到挽救。佛见喜梨口感、味道与果品均优，贮存时间长。通过储存到春节前后再上市，可使佛见喜梨在市场价格上具有明显优势。茅山后村通过引导村民栽植佛见喜梨，显著促进了农民增收，进一步带动当地农民实现致富。

茅山后佛见喜梨果实呈扁圆形或近圆形，平均单果

重200克，大果重可达350克以上；果皮绿黄色，阳面有鲜红晕，果面平滑，有光泽，果皮薄，表面有蜡质，果点大而稀，红褐色；果肉黄白色，肉质细而致密，石细胞少，果汁中多，味道酸甜适口，含糖量在14%；果实成熟期为10月上旬，较耐贮藏。

茅山后佛见喜梨嫁接后第4年开始结果，15～20年进入盛果期，以短果枝结果为主，中长果枝次之，果枝寿命3～5年，采前落果少。其发枝力强，先端1～4芽均能成枝；萌芽力也强，中部和基部的芽大部分可以形成短果枝。盛果期树单株产量为300千克。对地势、土壤、气候条件要求不严格；抗黑星病能力较强。

2. 茅山后佛见喜梨生长区域特点

金海湖镇属于平谷区的半山区，平均海拔43米，年均气温12℃。全镇水域面积6.5平方公里，山场面积0.79万公顷，果园面积0.21万公顷，耕地面积466.67公顷。金海湖风景区坐落于金海湖镇辖区之内，它苍山千叠，层峦青翠，万亩烟波，风光绚丽，是北京市级风景名胜旅游区。金海湖镇茅山后佛见喜梨地域保护范围为平谷区金海湖地区，位于平谷区东北部，总面积为133平方公里，管辖28个行政村，地理坐标为东经117°18′45″、北纬40°13′22″。

茅山后村处四面环山，村中心有水泉形成的凹坑，夏季有少量水溢流。土壤为硅质岩类淋溶褐土，地下水为山区基岩裂隙水贫富水区。独特的地理位置和优良的生态环境，造就了茅山后佛见喜梨的独特性状和口感。只有在这风景优美、水质良好、水源丰沛的地区才能生产出品质优越的茅山后佛见喜梨。

3. 茅山后佛见喜梨产品生产历史

相传当年慈禧太后初尝此梨即大喜，因为慈禧太后被人称为“老佛爷”，后来就直接将这种梨命名为“佛见喜梨”。百余年来只是在茅山后村一直坚持栽种这个品种的梨，从未断绝。而且茅山后佛见喜梨曾在沙梨产业博览会中被评为“名优产品”。

目前，全市只有在平谷区茅山后村一带有佛见喜梨的栽植。近年来，金海湖镇以精品种植、高端销售为发展方向，打造茅山后佛见喜梨这一产品。在茅山后村及其周边地区，已经发展佛见喜梨种植面积约33.33公顷，年产量已经达到15万千克。茅山后佛见喜梨的销售方式以礼品装和观光采摘销售为主，其售价比较高，果农种植的经济效益好。通过当地政府扶植茅山后佛见喜梨产业的发展，有效地促进了当地果农的增收致富和乡村产业的健康发展。

梨果套袋

4. 佛见喜梨的营养价值

茅山后佛见喜梨的市场卖点在于其口感独特、品相喜人。其果实阳面有鲜红晕，果面平滑，有光泽，经过储存后放到了春节期间，其喜庆的色泽很能增添节日的气氛；其独特的口感和丰富的营养又让人食之不忘。因此，茅山后佛见喜梨未来的市场影响力还有继续增长的潜力。

经检测，茅山后佛见喜梨富含微量元素，其中以钾和硒最多。钾元素多是茅山后佛见喜梨口感香甜的主要原因。

摘袋后迅速着色

（二）佛见喜梨的传说

北京平谷金海湖茅山后村盛产佛见喜梨。这种梨个儿大匀称，形如苹果，端正大气，成熟后表面红润，像是笑着的弥勒佛，极有福相。吃起来口口脆酥，甜甜似蜜。这种梨不光好吃好看，连它的名字都是清朝慈禧老佛爷所赐的。

慈禧老佛爷不仅要求食材味美，还要求食材的名字必须吉祥，衬托皇家吉祥如意之意，所以她好给食材取名字。如又臭又香的臭豆腐，因其名字不雅，慈禧老佛爷就赐名其为“青方”，既说出了形状又有文化神韵，可谓传神。“佛见喜”这个名字也是慈禧老佛爷所赐。据考证这佛见喜梨的原名是叫“红笑梨”，在平谷东北部地区有种植，因其外形喜庆红润就被平谷的地方官选作贡品进贡紫禁城。能够进贡紫禁城已是很幸运，能够被老佛爷点中，在那么多的进贡食材中脱颖而出真是极其幸运了。满桌子菜品，品种上百，冷热大菜，烧烤炉食，各种小吃应有尽有。慈禧老佛爷手指一指说了一声："来那个尝尝，怪稀罕的"。

边上太监赶紧伺候，顿时老佛爷满口生津，便问左右："这是什么？"

太监李莲英答："回老佛爷，这是红笑梨"。

"嗯，梨这个名字不好听，有分离之意，以后就叫它佛见喜吧。"

就这样红笑梨变成了"佛见喜"，成为皇家必备水果。

这么多年过去了，佛见喜梨也几经波折，差点就成了濒危品种。现在得到了挽救性保护，让世人能够品尝经典，是果农辛勤之结果。这辛勤也是文化，凝结成骨子里的不可改变，为保护，也为传承。

（三）交通情况与最佳观光时节

1. 公交车路线

从平谷新车站乘坐平31路汽车，经17站约1个小时到终点站茅山后村。

2. 自驾车路线

从市区经沿温榆桥、京平高速、新平蓟路至洙水，转平蓟经黑豆峪至茅山后村。

3. 休闲观光的最佳时节

每年4月中旬可来赏梨花、采野菜，游人沐浴春风、观赏花海。

每年国庆节期间就是茅山后村佛见喜梨下树的黄金时节，恰是采摘的最佳时节。俗语称"秋分下大梨"，这时候的佛见喜梨香脆可口，味美多汁，色泽红颜。

第六篇　密云区地域特色农产品

一、北台玉葱

（一）北台玉葱资源特点概述

1. 北台玉葱资源特点及品质特色

密云区古北口镇北台村因地处潮河东岸，村址位于山口内高台上，故得名北台村。北台村以种植大葱而闻名京城，其所种大葱被称为“北台玉葱”。北台玉葱，翠绿的叶、白嫩而修长的茎，像玉一样细嫩，产出的葱口感极好，

郁郁葱葱的北台玉葱

既鲜嫩又甜爽，其葱白长于一般的大葱，而且北台玉葱耐储存，摆在超市里货架期较长，被誉为“北台村的名片”。据检测，北台玉葱的微量元素锌的含量偏高，这也许是其口感更加甜爽的原因之一。正是因为其口感甜爽，北京的不少烤鸭店都是以北台玉葱作为烤鸭的配菜来使用。

2. 北台玉葱生长区域特点

北京市密云区古北口镇北台村，位于古北口镇南端，村庄距密云区城约50公里，距离古北口镇政府约10公里。村庄地处燕山山脉，处在蟠龙、卧虎两山南面的浅山丘陵区域，潮河从北部山谷峡口流入密云水库。这里地势险要，峰峦叠嶂，虽然处在山区，但由于潮河从此处流过，因而具有一定的灌溉条件。由此，这里的农耕条件也优于一般的山区。

北台村所在的古北口镇东邻新城子乡，南接太师屯镇，西连高岭镇，北隔长城与河北滦平县相望。地理位置处在东经117°03′58″～117°17′30″，北纬40°36′38″～40°42′23″。

北台玉葱的葱白明显长于一般大葱

3. 北台玉葱的生产历史

据传北京市密云区古北口镇北台村种植的“北台玉葱”品种为孤葱，原是唐代的贡品，原产于陕西华县赤水镇。大葱在赤水种植时，朝廷规定当地人不能擅自留用此大葱。多年后当这种大葱辗转传到古北口时，人们见此葱洁白如玉，故称之为“玉葱”。因为北台玉葱对疾病有一定的疗效，对人有一定的滋补作用，因而又获得了“赛鹿茸”的美称。

北台村的长寿老人冯景珍，现年90岁，据她介绍北台村种这种大葱可上溯到康熙年间。康熙每年到承德避暑，都会途径古北口的北台村，见村边大葱叶绿如碧、葱白如玉，食之感觉清脆甘甜，食后感觉体力充沛。因此，到达承德避暑山庄后，仍然念念不忘，并要求继续食用这种大葱。由此北台大葱名声大振，并成为皇家贡品。

400多年来，不论历史如何变迁，北台村的老百姓一直延续着种植这种玉葱的传统。当前北台村种植北台玉葱20余公顷，每年生产北台玉葱50多万千克，产品已获得有机农产品认证。

北台玉葱的商品包装

4. 北台玉葱营养价值

北台玉葱的微量元素锌的含量偏高，这使得其口感更加甜爽。当地不论孩子、大人谁得了伤风感冒，都会拿北台玉葱来熬水，喝了北台玉葱熬的水，伤风感冒很快就好了。另外，当地村民每遇脾胃虚弱、食欲不佳的人，就劝他们用北台玉葱蘸酱吃，吃了之后也会胃口大开，实有健脾胃之功效。

北台玉葱经过当地的合作社销售已经实现了“农超对接”，另有一部分产品直供烤鸭店，也有一部分经由农副产品批发市场销售。

（二）北台村的文化古迹

北台村几百年来一直流传着“北台轧鼓”这一文艺形式。每逢节庆，走进北台村，阵阵鼓声都会响彻天空，原来是北台村轧鼓队正在操练。“北台轧鼓”起源于清代康熙年间，到了乾隆年间与车道峪村的舞狮子，汤河村的中幡、什不闲，井峪村的龙王架，北甸子村的高跷、吵子、号佛、音乐、五虎棍一并被皇帝封为“龙福老会”。由此足见北台村一带的传统文艺活动之兴盛。

北台村的轧鼓队由13人组成，共有八面轧鼓，轧鼓带斜挎在肩头，人们一边走一边击打轧鼓，鼓声隆隆、惊天动地，真是热闹非凡。每逢节庆或者庙会，北台村轧鼓队都会随着“龙福老会”出来走会表演。

古北口是古老长城的重要关口之一，千百年来帝王将相、文人墨客每每经过此地都会感叹于这里的雄奇山势、传奇历史和风物特色，他们写下了流传后世的众多诗篇。

宋代的欧阳修在出使契丹途中经过此地，恰逢夕阳西下，感佩于这里的景致，留下了这样的诗篇：

古关衰柳聚寒鸦，驻马城头日欲斜。
犹去西楼二千里，行人到此莫思家。

宋代著名文学家苏辙出使辽国时路过古北口，曾拜谒过杨令公祠（杨令公即杨家将之杨继业），并留下这样的诗句：

行祠寂寞寄关门，野草犹如避血痕。
一败可怜非战罪，大刚嗟独畏人言。
驱驰本为中原用，常享能令异域尊。
我欲比君周子隐，诛彤聊足慰忠魂。

明末清初，被誉为思想家、文学家的顾炎武途径古北口，也留下了流传后世的著名诗篇《古北口》。

雾灵山上杂花生，山下流泉入塞声。
却恨不逢张少保，碛南犹筑受降城。

在1653年，康熙皇帝在赴承德途中驾临古北口，也曾赋诗一首：

断山逾古北，石壁开峻远。
形胜固难凭，在德不在险。

清代著名文学家曹雪芹，其祖父为康熙朝代的名臣曹寅。当年曹寅途经此地，也留下了著名诗篇《古北口中秋》：

山苍水白卧牛城，三尺黄旗万马鸣。
半夜檀州看秋月，河山表里更分明。

清代著名诗人纳兰性德，也曾写下著名诗篇《古北口》：

乱山入戟拥孤城，一线人争鸟道行。
地险东西分障塞，云开南北望神京。
新图已入三关志，往事休论十路兵。

春日里的古北口古长城

秋日里的古北口古长城

（三）交通情况与最佳观光时节

1. 公交车路线

东直门公交枢纽乘坐980路快车到密云区大剧院站下车，马路对面乘坐密51路到古北口镇北台村下，步行118米到达北台村。

2. 自驾车路线

驾车驶向京承高速（承德方向）至太师屯出口驶离，沿匝道行驶进入京密路，行驶7.6公里，北台2#桥右前方转弯行驶100米左转即到。

3. 休闲观光的最佳时节

大葱种植时间：头年秋天撒种子，隔年春天发芽，5月初移栽，生长期大概6个月，10月底收获。每年5～10月是大葱的生长期，可以看到郁郁葱葱的生长景象，适合采摘。5～10月亦是古北水镇最佳游览时期，既可以欣赏到春天的生机勃勃，又可以感受到秋天的落叶纷纷。

二、石峨御皇李子

（一）石峨御皇李子资源特点概述

1. 石峨御皇李子资源特点及品质特色

石峨御皇李子生长在密云区东邵渠镇石峨村，这种李子在当地还有一个别称，叫做“黄果子”。这是因为石峨御皇李子成熟后颜色如和田玉，看起来晶莹剔透，犹如黄色的玉石缀满枝头，因此称其为“黄果子”。也正是因为这种李子看起来晶莹如黄玉，所以也有人将其称作“玉黄李子”。

石峨御皇李子的果实

石峨御皇李子果皮挂着淡淡的白霜，成熟的李子，手握着在耳边轻摇，就会听到果核在其中晃动的声音，因为这种李子果核与果肉是分离的。将李子轻轻一掰，果肉裂开，果核一跃即出，果核与果肉分离很彻底。石峨御皇李子果肉含沙，味道香醇甘美，汁液甘甜而不浓烈、丰沛而不外溢，和胃健脾，食之余味无穷，放置于室内则满屋飘香。

石峨御皇李子树势强健、树体大、根系浅、树冠半张开，树干呈灰褐色，树皮较为光滑，树龄一般可达30年。御皇李子树叶呈席卷状，形状为倒卵圆形或椭圆形，叶长7 ~ 8厘米，叶宽3.0 ~ 3.5厘米。御皇李子果实近圆形，顶部稍尖，平均果重约为40克，每粒果实的直径约为4厘米，果实呈淡黄色，果粉薄，果皮薄，果肉的可溶性物质含量为13%。

石峨御皇李子硕果挂枝头

2. 石峨村御皇李子生长区域特点

密云东部渠镇石峨村地处密云东南部，距密云县城20公里，南与平谷接壤，西与顺义毗邻，密三路、宁太路、西龙路与外界相连。石峨御皇李子生长在密云东部渠镇，石峨村为御皇李子生产核心村，其地理位置东经116° 57′ 24″ ~ 116° 57′ 56″，北纬40° 19′ 15″ ~ 40° 20′ 9″。

石峨村的特产就是御皇李子，久负盛名。距今400余年的明朝万历年间编纂的《顺天府志》就记载过石峨村栽植御皇李子。在清朝乾隆年间，石峨御皇李子就成为朝廷贡品，每年进献到皇宫。闫崇辉主编的《北京名果》(2004)、张一帆主编的《北京农业名特资源集萃》(2009)、张洪主编的《品味北京名果》(2010)等著作中都有关于石峨御皇李子的记载。

近年来随着密云区乡村产业结构调整力度的加大，石峨村已经确定以御皇李子为主导产业建设石峨御皇李子生产基地。到目前为止，石峨御皇李子种植面积已发展到近万亩，年产量达600万千克。借助于石峨御皇李子生产基地的发展，每户农民都实现了纯收入增长。

在相关农业技术部门的技术指导下，石峨村御皇李子生产基地严格按照生产有机食品的标准进行生产管理，御皇李子果品质量达到了有机食品的认证标准，连续多年质量稳定，并在2006年获得了有机食品生产认证。在2009年，为了更好地向市场推广石峨御皇李子产品，当地还注册了“御皇”商标，开始向市场销售“御皇”牌石峨御皇李子产品，取得了不错的销售效绩，也使石峨御皇李子的市场影响力有所提高。

青涩的石峨御皇李子

3. 御皇李子的营养价值

石峨御皇李子产品营养价值高，富含17种人体所需的氨基酸等营养物质，具有清热利水、活血祛痰、润肠养肝等功效。

（二）石峨村的乡土文艺

乡土文艺，是土生土长的有着浓厚地区韵味的民间文艺形式。在过去几百年信息交流不发达的年代中，乡土文艺是乡村老百姓最主要的娱乐形式。虽然它地域特色浓厚、言词偏于粗浅、表现形式也较为简单，但它却是扎根在乡村的民俗沃土之中，传承几百年而不衰。在过去漫长的岁月里，村民对乡土文艺既喜闻乐见，又积极参与。时至今日，有些老的乡土文艺形式已经逐渐消失或被淘汰，但这些艺术形式曾经带给先人们的乐趣和精神充实却会存留于乡村的史志。

石峨村所在的东邵渠镇乡土文艺形式主要有：评剧、大鼓书、花会、数来宝、秧歌等形式。评剧唱词接近于白话，戏文通俗易懂，乡土韵味十分浓郁。它表现力强，剧情内容贴近生活，能引起观赏者的共鸣，娱乐间又能对村民有所教义，深受乡邻百姓的欢迎。大鼓书也是过去民间文化生活的主要文艺娱乐形式。说唱大鼓书，一不用搭台占用场地，二不用众多的演职人员（通常大鼓书是一人击鼓演唱，一人弹三弦主伴奏，一人拉四胡伴奏，三人即能完成一场演出），因此这种艺术形式在山区农村中更为流行。东邵渠镇过去主要流行的是奉调大鼓、五音大鼓和乐亭大鼓。

花会在旧时也称为“香会”，主要功能有三项：一是节日庆典活动；二是祈福；三是求雨。新中国成立后人们将“香会”更名为“花会”。而今东邵渠镇的花会主要是为节日庆典活动进行演出。当地的花会又分为西邵渠金钟总督老会与石峨村花会。据传西邵渠金钟总督老会，是从明代天顺八年（1464年）就成立了，至今已有540多年的历史。金钟总督老会的表演有七种：大筛、响音大鼓、高跷会、五虎棍、十不闲、地扒拉和吵子。其中的“响音大鼓”气势磅礴，震天动地，声音能传出二三十里地。石峨村花会也是久负盛名，现流传下来的还有大筛、大鼓、少林、狮子、高跷、小车会、十不闲等。

当地的秧歌主要是20世纪50年代和60年代，由学校或社队组织起来的秧歌队，村民一起扭秧歌、打花鼓，多用于宣传活动和庆典活动。20世纪90年代以后，石峨、东邵渠、西邵渠、高各庄等村，都有村民自发组织秧歌队。村民以扭秧歌自娱自乐、锻炼身体，同时参与乡村节庆活动的表演。秧歌舞是一种民间集体歌舞艺术，舞姿丰富多彩，深受广大村民的欢迎，如今在当地越来越流行。

东邵渠镇农耕历史悠久，传统的乡村文化活动丰富多彩，这对于当地发展乡村观光休闲业十分有利。全镇已经以石峨御皇李子为主线，进行了新的产业发展规划，打造了以“皇李御道”为轴心的乡村休闲产业发展规划。全长6.8公里的“皇李御道”，两侧均是百年老李子园以及新建成的国际李子品种展示园，路途中还有李子文化广场、石峨村花会表演等文化活动。每年举办“石峨御皇李子文化节”。在每年的暑假期间，这里还专门为青少年准备了科普活动和游艺娱乐项目，使中小学生在观赏李子林、采摘李子果、品味李子文化之时，也能了解更多的科普知识和获得乡土娱乐体验。这些举措将会有效地带动当地石峨御皇李子产业的发展和乡村休闲观光产业的发展。

新近规划的以“皇李御道”为轴心的休闲观光路径

（三）交通情况与最佳观光时节

1. 公交车路线

（1）从北三环光熙门乘坐地铁13号线到望京西站，换乘地铁15号线到俸伯站，换乘郊98路到官道口站，换乘郊82路到石峨站下车。

（2）从北三环三元桥地铁站乘坐852路到官道口站，换乘郊82路到石峨站下车。

2. 自驾车路线

沿京承高速17出口出左转，沿密三路向东部渠镇方向行驶即到。

3. 休闲观光的最佳时节

阳春三月，万树花开，游人可以来密云区南邵渠镇石峨村观赏李子树开花。7—8月当地会举办“御皇李子采摘节”。

三、密云水库鱼

（一）密云水库鱼资源特点概述

1. 密云水库鱼资源特点及品质特色

密云水库位于北京市密云城区北13公里处，位于燕山群山丘陵之中，建成于1960年9月。密云水库总面积180平方公里，环密云水库水岸长度200公里。密云水库库容40亿立方米，平均水深30米，是北京周边最大的饮用水源供应地。密云水库的特产是野生密云水库鱼，这里也是北京最著名的鱼乡。

从密云水库捕捞上来的鱼——水库鱼

密云水库鱼不是某个独特品种的鱼，而是以潮白河鲤鱼、鲢鱼、草鱼、鳙鱼为主的自然生长的鱼群，其独特之处在于生长环境而不在于品种。密云水库是北京的饮用水源地，所有水面的水质均能达到一类或二类饮用水标准。密云水库不允许投放网箱养鱼，不允许向水面投放任何饵料，水库鱼全凭自然生长。为了保护鱼类资源，每年从4月1日到9月24日禁止捕鱼，即使在开放捕鱼的季节，也只允许水库周边的村民使用没有机械动力的小船（即人力摇桨船）进入水库捕鱼，因为机械动力船会由于燃油的泄露和尾气的排放而污染水源。

密云水库为鱼类的生长提供了自然而安全的环境，优良的水质，鱼类只捕食水中的水草和其他生物。这样的环境使这里的鱼儿体色均匀明亮，体型自然流畅，肉质细腻而滑顺，烹调后味道鲜美而且营养价值很高。

2. 密云水库鱼生长区域特点

密云水库鱼类生长地域范围为不老屯镇以南，太师屯镇以西，穆家峪镇以北，石城镇、溪翁庄镇以东的密云水库所有水域。地理坐标为北纬40° 23′至东经116° 50′。密云水库有两大支流，一条支流是白河，起源于河北省沽源县，经赤城县、延庆区、怀柔区流入密云水库；另一条是潮河，起源于河北省丰宁县，流经滦平县后，自古北口进入密云水库。

密云水库水清天蓝——生态环境好

密云水库鱼的种类很多，至今没有各种鱼类品种分布情况的详细统计资料。但如果以2012年全年捕捞各类鱼的统计数据来看，也能大体看出鱼类品种的基本分布情况（详见下表）。

2012年密云水库鱼类捕捞量及捕捞品种结构

鱼种类	捕捞量（吨）	所占比重（%）
鲤鱼	455	28.44
草鱼	424	26.50
白鲢鱼	410	25.63
花鲢鱼	160	10.00
鲫鱼	78	4.88
池沼公鱼	32	2.00
鲂鱼	16	1.00
黄颡	5	0.31
鲶鱼	2	0.13
其他鱼	18	1.13
总计	1 600	100

注：池沼公鱼俗称黄瓜鱼，属鲑形目、胡瓜鱼科、公鱼属。

3. 密云水库鱼的生产历史

密云水库适宜捕鱼的水面约为1万公顷，从1960年水库建成之初就开始投放鱼苗，1961年开始回捕，每年定期捕鱼延续至今。1960—1990年，密云水库平均每年捕捞鱼类约为40万千克。近年来密云水库每年的捕捞量在130万～160万千克。

为促进密云水库周边休闲农业与乡村旅游的发展，当地政府从2004—2012年连续9年在每年的9月24日24时开鱼（即开始捕鱼）之后的第二天（即每年的9月25日）举办一年一度的“鱼王节”，对于开鱼当天捕捞到的最大的鱼（即鱼王）进行公开拍卖，所获款项主要用于公益捐助。历年的“鱼王节”活动情况见下表：

历年的“鱼王节”活动情况汇总表

年份	品种	鱼长（厘米）	鱼重（千克）	拍卖价（万元）	捐助对象
2004				4.5	密云区北部山区小学
2005				6.8	密云区贫困小学
2006			17.0	23.6	河北省沽源县小学

（续）

年份	品种	鱼长（厘米）	鱼重（千克）	拍卖价（万元）	捐助对象
2007	鲭鱼	128	22.5	32.9	密云区贫困小学
2008	鲭鱼	151	40.0	38.0	河北省丰宁县小学
2009	鲢鱼	110	21.0	40.0	中国人民解放军三军仪仗队
2010	鲤鱼	120	23.0	捐助鱼王宴	宴请为发展密云经济做出贡献的企业家
2011	鲤鱼	140	30.5	捐助鱼王宴	宴请为发展密云经济做出贡献的企业家
2012	鲭鱼	125	27.5	未拍卖	
2013	鱼王评比及拍卖活动取消				

开鱼时从密云水库捕上来的大鱼

（二）密云水库的鱼文化

1. 密云水库周边流传的童谣

密云水库鱼主要的品种是密云水库鲤鱼（即潮白河鲤鱼）。当地流传的童谣叫做《耍孩儿·潮白河》：

两岸风光美如绣，
雨过潮白水似油。
金鳞金翅大鲤鱼，
跳跃龙门千万头。
万历帝君臣庸朝纲乱，
摇头摆尾金鲤鱼上玉楼，
不理朝政贪享受。
天倾水浅鱼儿走，
水枯何日见鱼游。

2. 40年前密云水库的“全鱼席”

在40年前，密云水库四食堂的“全鱼席”也曾经很有名。1974年秋天，当时密云水库四食堂举办过招待工作餐“全鱼席”。当时的全鱼席共有16道菜：

酥鱼、如意鱼卷、酱吨鱼头、松鼠鱼、绣球全鱼、熘鱼片、鱼米之乡、五香鱼块、炸白条、油浸鱼、豆瓣鱼、芝麻鱼片、清蒸红鳟鱼、鲫鱼豆腐、芥末白菜、时蔬蘸酱。

当时的全鱼席主食为：

鱼肉饺子、鱼肉包子、馅窝头、玉米粥。

餐后还配有时令果盘。

2009年捕获的鱼王——重达42千克的花鲢鱼

另外，据当时的厨师介绍，这种“全鱼席”还有第二种做法，也是16道菜：

水晶鱼、脆皮鱼卷、剁椒鱼头、五柳鲳鱼、烩鱼丝、干烧鱼、红烧鱼、炸河虾、醋椒鱼、糖醋鱼、芙蓉鱼片、生鱼片、溜鱼丸子、酸辣瓜条，时蔬蘸酱、时令果盘。

这种全鱼席的主食为：

鱼肉饺子、贴饼子、小米粥。

3. 秋游密云水库享用鱼美食

每到入秋，正是去京郊赏秋之时，在开鱼时节（每年9月25日）来密云水库品尝第一网鲜鱼一定不能错过，此时也正是水库鱼儿体美膘肥、味道鲜美的好时节。待入冬后鱼不吃不喝，就会慢慢变得消瘦，那时的肉质便会变得柴硬，味道也会逊色很多。因此，金秋的9月和10月来密云水库吃鱼就成为不可多得的享受。

这里有名的吃鱼方式叫做“侉炖”，也是最传统的烹饪鱼的方式。过去这里的渔民摇船出去打鱼，一去就是两三天，他们仅带着锅、盐、葱等必备烹饪物料，饿了就在岸边点一堆火，不管是什么鱼都是放在一口锅里一起炖，这便是人们常说的“侉炖”。“侉炖”是这里最原生态的吃鱼方法。后来捕鱼人回到家里后也采用这一方法，只是会在大柴锅里放一大勺黄酱和一些油，这便成了今天人们常说的“酱炖”。

密云水库鱼特色菜——酱炖鱼头

密云水库的鱼，游荡在宽阔水面，没有人来喂食，从来都是自然觅食，处在野生状态，因此它肉质爽脆、味道清甜。在饮用水源地天然放养，也就成为水库周边餐馆向游客们

密云水库鱼特色菜——侉炖鱼

密云水库鱼特色菜——清汤水煮鱼

推销自己鱼类菜品的招牌。当城市流行吃鱼头时，这里就开发出了“酱炖鱼头”这一道菜，类似“大柴锅侉炖鱼”“大柴锅酱炖鱼”更是成了这里每家餐馆都必备的基本菜品。

密云水库边有一条“鱼街”，也有人叫它“鱼王美食街”，在每年秋季开鱼的时节，用餐时段这里总是热闹非凡。

来到鱼街，这里集吃喝游玩一条龙服务，让来此的客人在一饱口福的同时，也能在周边继续游玩。良好的餐饮服务，能让游客延长在此的滞留时间，也让相关的其他游览服务产业获得了更大的游客群。因此，鱼街对于带动当地乡村经济发展起着重要的作用。

为了更好地为来密云水库游览的客人服务，密云区旅游局在“鱼街”评选出了十佳餐厅，希望以此为契机来提升“鱼街”的餐饮质量和服务水准。“鱼街”的餐厅把水库鱼美食与密云的乡土文化结合一起，让游客用餐的过程变成体味当地乡土文化的过程，让来旅游的客人不仅能品尝到密云水库鱼的风味，还能体会到当地乡土文化的醇厚与深远。

密云水库边的鱼街

（三）交通情况与最佳观光时节

1. 公交车路线

（1）从北京北三环光熙门乘坐地铁13号线到望京西站，换乘地铁15号线到俸伯站，换乘970路到密云鼓楼东大街站，换乘密61路到溪翁庄下车。

（2）从北京三环西坝河乘坐980路到密云鼓楼站，换乘密63路到溪翁庄下车。

2. 自驾车路线

京承高速密云城区出口—密溪路—水库西沿线—溪翁庄。

3. 休闲观光的最佳时节

赏秋之时，在开鱼时节（每年9月25日）前后，来密云水库品尝第一网鲜鱼，此时也正是水库鱼儿体美膘肥、味道鲜美的好时节。

如果只为观景，那么这里一年四季皆可来游览。

第七篇 延庆区地域特色农产品

一、延庆八棱脆海棠

（一）延庆八棱脆海棠资源特点概述

1. 延庆八棱脆海棠资源特点及品质特色

八棱海棠名称的由来是由于海棠果呈扁平形，四周又有明显的八道棱凸起，故名“八棱海棠”。八棱海棠树体强健，抗寒、抗旱、抗盐碱、抗病虫、耐瘠薄、寿命长。果实色泽鲜红夺目，果形美观果肉品质好，果香馥郁，鲜食酸甜香脆。八棱海棠个大皮薄，单果重8 ~ 14克，果实扁圆有明显6 ~ 8条棱起，因此得名。

八棱脆海棠树冠中等大小，呈扁圆头型，树姿张开，多年生枝条呈棕褐色，皮粗糙，皮孔突出，新枝条呈黄褐色，较硬。八棱脆海棠叶片为阔椭圆形，先端渐尖，长8.5 ~ 9.5厘米，宽5.0 ~ 5.5厘米，深绿色。八棱脆海棠一般4 ~ 5年结果，萌芽力强，成枝力中等，以短枝结果为主。

八棱脆海棠花色很美，伞房花序，花朵粉白色，花瓣卵圆形。其果扁圆形或近圆形，有棱、果皮光滑，果面底色鲜艳呈黄色，全果着鲜红色晕，外观艳丽，果粉较厚，果梗长2.5 ~ 3.5厘米，果形较大，肉质细脆且汁多，酸甜适口。

八棱脆海棠果实成熟时，先从绿色变成白色，此时称为“白海棠”，这时采收的果实适合于加工蜜饯和果脯。然后果实会进一步变黄，着鲜红色晕，待果实成熟后即可采收用于鲜食，成熟果实常温可储存两个月，冷藏可储存到第二年的5月。另外，八棱脆海棠还适合在北方春节前后穿糖葫芦。八棱脆海棠除了用于加工蜜饯和果脯以及鲜食之外，还是栽植苹果树最重要的良种砧木。

因此，为了发展苹果产业也需要大力繁育八棱脆海棠苗木。

布满果粉、色彩艳丽的延庆八棱脆海棠

即将采收的延庆八棱脆海棠

延庆区的八棱脆海棠产区海拔约500米，光照充足，因而延庆八棱脆海棠着色全面，红色偏深，收获时节满树鲜艳的海棠，背衬着青山果园景色异常秀丽。

2. 延庆八棱脆海棠生长区域特点

延庆八棱脆海棠种植区域主要分布在延庆区八达岭镇帮水峪村和石峡村、康庄镇榆林堡村和大小王庄村、张山营镇、旧县镇、永宁镇、井庄镇和刘斌堡乡等地区。地理坐标为东经115° 44′ ～ 116° 34′，北纬40° 16′ ～ 40° 47′。

延庆八棱脆海棠原产于“延怀盆地”一带，从海拔400 ～ 1 600米均能种植，亩产一般在1 500 ～ 2 500千克。

八棱脆海棠适应性强、抗逆性强，耐旱、耐瘠薄，适合在山区栽培。传统栽培时管理较为粗放，但在延庆八棱脆海棠种植基地，通过科学管理和合理施用有机肥，其果品质量明显提高，果色红润，单果重提高，增产效果显著。

在延庆的平原地带，栽植葡萄的数量众多，而在延庆的山区地带，适合于栽植八棱脆海棠。八棱脆海棠果植株根系发达，可以在贫瘠而干旱的山地生长，抗病害和虫害能力强。有研究证明，八棱脆海棠果的种子和叶子提取物都有灭蚊效果，因此不宜受到虫害的侵扰，栽种八棱脆海棠无需使用农药，果品食用安全度高。

黄中泛红的延庆八棱脆海棠

3. 延庆八棱脆海棠的生产历史

海棠在我国古代被统称为李，《诗经》中“投我以木李，报之以琼琚”，其中的“木李”就是指海棠，到了唐朝时才出现“海棠”这一称谓。延庆区栽植海棠有几百年的历史，海棠种植很广泛，一直以八棱海棠最为著称。早年的《林业志》就记载延庆传统名特优果品有八棱海棠。后来在延庆下营村发现了八棱海棠的变异品种，民间称之为“延庆八棱脆海棠”，以后这一变异品种的种植面积越来越大。

延庆区独特的气候条件以及优越的地理位置适合八棱脆海棠的种植与推广。相对于北京市区，延庆区海拔高、昼夜温差大、光照充足，生产的海棠含糖量高、硬度大、易上色、耐贮运，是北京地区最佳海棠树生长区域。延庆八棱脆海棠在当地具有一定的产业发展前景。

4. 八棱脆海棠的营养价值

海棠果是一种营养价值很高的健康果品，延庆八棱脆海棠更是如此。其果实除生食以外，还可用来酿酒、做蜜饯，也能做果酱、果醋、果酒、果丹皮等食品。经测定，每100克海棠果肉含碳水化合物19.2克、蛋白质0.3克、脂肪0.2克、膳食纤维1.8克，含胡萝卜素710微克、维生素A为118微克、维生素B_1为0.05毫克、维生素B_2为0.03毫克、烟酸（也称维生素B_3）0.2毫克、维生素C为20毫克、维生素E为0.25毫克，含钾263毫克、磷16毫克、钙15毫克、镁13毫克、钠0.6毫克、铁0.4毫克、锰0.11毫克、铜0.11毫克、锌0.04毫克。可软化血管，对高血压、冠心病有明显的预防作用。海棠还可切片晒干，加蔗糖冲水饮用，口味酸甜，含有浓郁的鲜海棠香气，且清凉泻火，健脾开胃，具有很好的食疗保健作用。

开始着红色晕的延庆八棱脆海棠

延庆八棱脆海棠含有大量的营养物质，能够补充人体所需的各种营养，提高机体功能，增强人体对疾病的抵抗能力。传统中医认为，海棠有生津止渴、健脾开胃、涩肠止痢之功效，能起到补充营养、治疗消化不良、治疗积食腹胀、止泄止痢、提高机体免疫力等作用。

（二）八棱脆海棠的发展前景

延庆八达岭镇帮水峪村地处山区，景色秀美而民风淳朴，属于北京市的生态旅游示范区。这里地理环境优越，土壤为石灰性褐土，所生产的果品清新爽口、芳香浓郁。近年来这里打造了包括延庆八棱脆海棠、帮水峪香槟子等“小果”在内的“特色小果园”，恢复栽植了12种濒临灭绝的小品种特色果品。

延庆八棱脆海棠外观看起来像袖珍的长把小苹果，芳香四溢、沁人心脾，采收后置于室内芬芳四溢、经久不散。八达岭镇帮水峪村是延庆八棱脆海棠最早的产地，一直保持了一定的栽植面积，在延庆八棱脆海棠被确认为是“唯一性传统果品品种”之后，帮水峪村启动了对延庆八棱脆海棠果树进行保护的计划，把原来荒废的山坡地资源利用起来，栽植了延庆八棱脆海棠果树，增加了栽植株数，扩大了栽植面积。

每年当延庆八棱脆海棠果实成熟的时候，人们都愿意前来体验休闲采摘的乐趣，还有的人将其当作独具特色的“节庆礼品”来抢购。从发展的趋势来看，延庆八棱脆海棠将会伴随着人们对其果品价值的认同和当地休闲农业的发展而变得价值越来越大，经营效益也会越来越好。

2013年在北京市地域特色农产品普查中，延庆八棱脆海棠已经列入产品名录。2014年通过北京市绿色食品办公室专家委员会初审，列入北京市农产品地理标志产品申报工作目录。

春天时节延庆八棱脆海棠的粉色花蕾和白色花朵

延庆八棱脆海棠花色艳丽，花蕾期呈粉红色，随着花朵开放逐渐由粉色变为白色，散发着淡淡的香气，让人心旷神怡，这里的果园就是休闲观景的好去处。

延庆八棱脆海棠树既具有很好的观赏价值，又具有较高的经济价值。随着我国经济的迅速发展，人们越来越重视休闲与食品安全，乡村观光休闲在人们生活中的地位越来越重要。延庆八棱脆海棠果园的综合经济价值也会随着果品价格的攀升和乡村休闲旅游业的发展而得到不断地提升。

（三）交通情况以及最佳观光时节

1. 公交车路线

德胜门乘919路公交车、S2线火车到达延庆县城，换乘920路石峡关路帮水峪站下车即可到达。

2. 自驾车路线

（1）京藏高速（G6）康庄出口—沿康张路—八达岭开发区办事处对面路口向南—外炮村—里炮村—再向南2公里到帮水峪村即可。

（2）延庆城区—沿八达岭快速路向营城子收费站方向行驶—走辅路向八达岭开发区行使，在八达岭开发区办公区路口向南—外炮村—里炮村—再向南2公里即可。

（3）八达岭长城景区—走辅路向八达岭开发区行使，在八达岭开发区办公区路口向南—外炮村—里炮村—再向南2公里即可。

3. 休闲观光的最佳时节

休闲、观光、采摘、游览的最佳时间为4—5月观花、踏青赏景，8—10月观光采摘。

二、延庆国光苹果

（一）延庆国光苹果资源特点概述

1. 延庆国光苹果资源特点及品质特色

延庆国光苹果着色好，果皮中等厚度，果粉较多，果点小而密

延庆位于北京市西北部，具有海拔高、光照充足、昼夜温差大等独特自然条件，是国光苹果最佳的生产区。所产国光苹果含糖量达16%，比北京市的标准高出2.5个百分点，风味甜酸适度，有香气、果核小、果肉细、肉质脆、硬度高、耐储存，深受

广大消费者的欢迎。延庆国光苹果，是北京市延庆区的特产，已经于2009年获得中国农产品地理标志认证证书。

延庆出产的国光苹果，果实扁圆形，果面底色黄绿着鲜红色条纹或全面鲜红色；果皮中等厚，果粉较多，果点小而密且较明显，形状不规则；果肉呈淡黄色或绿白色，果肉细、肉质脆，风味甜酸适度，有香气。延庆国光苹果可溶性固形物含量高，具有酸甜适度、耐贮运等优点。

2. 延庆国光苹果生长区域特点

延庆国光苹果种植区域主要分布在延庆区张山营镇张山营村和下营村，旧县镇黄峪口村、白羊峪村、闫庄村和三里庄村，香营乡黑峪口村和屈家窑村，这是延庆国光苹果的主要分布带，也称为北山带。另外，在八达岭镇里炮村和帮水峪村，以及康庄镇、永宁镇、井庄镇等部分地区也有少量分布。延庆国光苹果分布区域的地理坐标为东经115° 44′ ～ 116° 34′ ，北纬40° 16′ ～ 40° 47′ 。

延庆区位于北京市西北部，距北京市区74公里，区域面积约2 000平方公里，其中平原面积占25%，山区面积占75%。是北京生态涵养发展区、国家级生态示范县、全国绿色小康县、全国生态文明建设试点县。延庆平均海拔在500米以上，属大陆性季风气候，处在温带与中温带、半干旱与半湿润带的过渡带。延庆气候冬冷夏凉，全年平均气温为8℃，有着北京“夏都”之美誉。由于延庆具有海拔高、光照充足、昼夜温差大等独特的自然条件，因而成为国光苹果的最佳生产区。

3. 延庆国光苹果的生产历史

据嘉靖《隆庆志》记载，延庆县在明朝嘉靖年间就有苹果树的栽培，距今已有480年的历史。到了清代，延庆的苹果栽培已经很广泛，品种主要以绵苹果为主。后来延庆逐渐引进国光、倭锦、鸡冠、金冠、元帅和胜利等苹果品种栽植，至今延庆已栽植延庆国光苹果近533.33公顷。

20世纪80年代是延庆国光苹果发展的鼎盛时期，那时延庆国光苹果的栽植面积达到2 000公顷。1985年，当时农牧渔业部组织的全国果品评比中，延庆国光苹果拿到了金奖。自此，延庆国光苹果名声大振，价格也一路飙升，果品供不应求。

在20世纪90年代，华北地区引入的富士苹果成了那时市场的主角。延庆的果农也纷纷砍掉国光苹果树，嫁接成富士苹果，种起了富士苹果。那时延庆的国光苹果种植面积急剧减少到200公顷。人们都认为国光苹果个儿小、种植效益差，结果国光苹果被迅速地边缘化。

2006年，延庆国光苹果终于迎来了新的转机。当时延庆启动了“恢复唯一性传统果品品种工程”，延庆国光苹果被列入到“唯一性传统果品品种”的保护之列。在2009年果品资源调查时，延庆境内还生长着10棵具有50年以上树龄的延庆国光苹果树，这成为延庆国光苹果珍稀资源的种质库或是基因库。

即将成熟的延庆国光苹果

延庆区果品中心一方面承担着保护好延庆国光苹果种质资源的重任，另一方面也努力进行延庆国光苹果幼苗繁育，努力引导当地农民扩大延庆国光苹果的种植规模。同时，延庆区果品中心还向农民不断推广国光苹果的科学管理技术，引导农民通过提高田间管理水平来提高国光苹果的质量。经过不懈的努力，延庆国光苹果栽植面积迅速扩大到近533.33公顷，年果品产量达到120万千克。

采摘后的延庆国光苹果

四周着满红色的延庆国光苹果

4. 延庆国光苹果的营养价值

延庆国光苹果含糖量高达16%，比北京市的标准高出2.5个百分点，风味甜酸适度，有香气、果核小、果肉细、肉质脆、硬度高，耐储存。因此，延庆国光苹果营养价值高，鲜食期可从秋季采收一直到来年的初夏，产品的货架期也长。延庆国光苹果性平和，全年任何时间均可食用，任何体质的消费者也都可食用，多食也不会造成上火或是胃寒。

延庆国光苹果与其他地区所产的国光苹果最大的区别是，延庆国光苹果着色率高，一级果着色率可达75%，而其他产区的国光苹果基本为绿色之中稍带一些红。延庆国光苹果果面底色黄绿并着鲜红色条纹或全面鲜红色，是国光苹果中最优质的果品。

（二）产地地域文化

延庆，古称夏阳川，亦谓妫川。其历史久远，民风淳朴，名山胜水，钟灵毓秀。境内有巍峨壮观的八达岭长城、风光旖旎的龙庆峡、宜人的康西草原；还有离现代大都市最近的松山原始森林自然保护区，以及经过一亿四千万年进化形成的硅化木国家地质公园。延庆境内风景众多、美不胜览。

延庆著名的古崖居风景区

在延庆这片古老而神奇的土地上，很早就有人类活动的足迹，曾为多民族聚居融合之所。炎黄阪泉之战遗址、千古之谜古崖居、山戎族文物陈列馆，这些都足以印证延庆县文化底蕴之丰富。由于地处京都西北，又当五朝畿辅屏障，“南挹居庸列翠，北距龙门天险”，历来为军事要冲。

白羊峪村是延庆国光苹果的主产村之一，村里的延庆国光苹果种植基地远近闻名。白羊峪延庆国光苹果种植基地位于延庆县旧县镇白羊峪村东南，香龙路北侧，现有延庆国光苹果种植面积约33.33公顷。基地内延庆国光苹果种植数量达到14 960株，已成为华北地区最大的优质延庆国光苹果生产基地。

2009年，延庆国光苹果取得农业部颁发的“延庆国光苹果地理标识产品”认证证书。2010年，白羊峪延庆国光苹果基地的果品经过“中国五洲恒通”审核，通过了“农业有机转换产品”认证。

目前，白羊峪延庆国光苹果基地实行科学化的种植和田间管理，并开放市民进入基地观光采摘。基地对于延庆国光苹果，严格按照有机产品技术规范进行管理，所施肥料都是来自附近养羊场的羊粪和养鸡场的鸡粪。基地在种植区修建了一座畜禽粪便发酵池，专门对畜禽粪便进行高温发酵处理，处理后的肥料专供果树施肥使用。

2012年7月，在旧县镇领导的支持下，白羊峪延庆国光苹果基地打了一口深达180多米的水井，以水井的优质水源浇灌果树，为延庆国光果的生产提供了更加优质的灌溉条件。良好的周边生态环境，优质的水源条件，完全使用有机肥的施肥体系，再加上专业的果园管理水平，使得白羊峪村出产的延庆国光苹果质优、色美、味香，成为金秋时节市民观光采摘的优质果品，白羊峪村也因此成为休闲农业与乡村旅游的最佳目的地。

2010年向国家工商行政管理局商标局申报注册“白羊玉”品牌商标。2011年3月21日国家工商行政管理局正式核准了“白羊玉”品牌商标。

（三）交通情况以及最佳观光时节

1. 公交车路线

德胜门乘919路公交车、S2线火车到达延庆县城，换乘延庆到香营的Y15路公交车白羊峪站下车向东走300米即可到达。

2. 自驾车路线

（1）由北京驾车上京藏高速，在延庆城区出口向延庆城区方向，到延庆城八景迎宾环岛之后右转，向东走110国道到京张路口，右转沿延赤路到黑峪口村十字路口左转，再行驶400米即到。

（2）走京藏高速由康庄出口出高速，经延康路向延庆城区方向，到延庆区政府前街，再继续向东走湖北路到日上批发市场路口左转，经110国道向龙庆峡方向，在龙庆峡景区下一路口左转上香龙路行驶6公里即到。

3. 休闲观光的最佳时节

延庆国光苹果的最佳休闲观光采摘游览的时间是每年10月中下旬。此时正值秋天，天高云淡，秋高气爽，果园里果实红彤彤的，分外喜人。

三、延庆葡萄

（一）延庆葡萄资源特点概述

1. 延庆葡萄资源特点及品质特色

延庆区地处“延怀盆地”，地理条件得天独厚，光照强、海拔高、昼夜温差大，是我国优质葡萄栽培区之一，延庆葡萄种植面积居京郊之首。延庆是“中国葡萄科技创新示范县”，当地的鲜食葡萄利用日光温室周年生产结果的先进技术，正在向全国推广。2011年延庆葡萄通过了农业部“农产品地理标志”认证。

延庆葡萄不是一个独特的品种，而是一个多品种葡萄的独特产区。在京津冀协同发展的背景下，未来将要在具有相近自然条件的北京市延庆区和河北省怀来县打造“延庆—怀来盆地葡萄产业带”。“延怀盆地”的气候条件极其适合发展葡萄产业，这里生产的葡萄果穗整齐，果粒均匀，独特的日照条件使葡萄果实着色浓艳、果粉厚、果肉脆，葡萄中的可溶性固形物含量高，葡萄芳香，风味浓郁。

葡萄原本就是为延庆区的一大特产。这里生态环境好，空气洁净度高，水源条件好，具备有机生产农产品的传统。延庆葡萄刚从葡萄架上采收下来，就可以不经洗涤直接食用，葡萄皮上只有果霜没有尘土。前来观光采摘延庆葡萄的游客也偏爱这还带着泥土芬芳的葡萄，认为它有机、绿色、新鲜、健康。

延庆葡萄表面结着一层霜，但很干净

2. 延庆葡萄生长区域特点

延庆葡萄种植区域主要分布在延庆区西部沿北山和南山的张山营镇、旧县镇、香营乡、永宁镇、八达岭镇和康庄镇等地，地理坐标为东经115°44′00″～116°34′00″，北纬40°16′00″～40°47′00″。

延庆葡萄产区位于北京西北部，距北京市区74公里。产区东南北三面环山，西面临水，平均海拔500多米。这里生态环境优良，是全国首批生态示范区，延庆也是中国最佳生态旅游县。延庆葡萄的产地是一块空气清新洁净、水源清新纯净、肥料天然有机的绿色净土，因而此地所生产的各种葡萄都具有优良的品质和绝佳的风味口感。

走进葡萄园，就能感受到这里洁净的空气和葡萄的芬芳，藤蔓缠绕、果粒玲珑剔透、果香四溢，就像是进入了世外桃源。

延庆葡萄的葡萄园

即将采收的延庆葡萄

3. 延庆葡萄的生产历史

据嘉靖《隆庆志》记载，延庆在明朝嘉靖年间就有葡萄栽培，距今已有近500年的历史。到了清代，延庆栽培葡萄已经很普遍，当时栽培的葡萄品种主要有龙眼、牛奶、无核白等。得益于延庆的天然气候条件，这里生产的葡萄几百年来一直远近闻名。

1998年，延庆葡萄“红地球”“里扎玛特”和“黑奥林”三个品种，在全国葡萄专项展评会上均被评为优质产品。2004年，延庆葡萄“金星无核葡萄”获的“中国优质葡萄擂台赛”金奖，“京亚葡萄”获“中国优质葡萄擂台赛”优质奖。2007年9月，延庆生产的“里扎玛特”“黑奥林”两个品种的有机葡萄荣获“北京奥运推荐果品评选”综合组评比二等奖。

2008年，延庆“红地球葡萄”获得中华名果的称号。2010年，延庆葡萄荣获2010年度“中国特色农产品博览会金奖”，同年，延庆也被评为中国葡萄“无公害科技创新示范县”。2011年8月，延庆葡萄荣获农业部“农产品地理标志”认证证书。近年来，延庆区大力推动葡萄产业发展，目前已有葡萄种植面积将近2 000公顷。

集中连片的延庆葡萄园

4. 延庆葡萄的营养价值

我国的传统中医认为，葡萄味甘微酸、性平，具有补肝肾、益气血、开胃力、生津液和利小便之功效。据《神农本草经》记载：葡萄主“筋骨湿痹，益气，倍力强志，令人肥健，耐饥，忍风寒。久食，轻身不老延年。”

口味甜美、营养丰富的延庆葡萄

延庆葡萄含糖量高达10%～30%，葡萄中的多量果酸还有助于消化，多吃延庆葡萄能起到健脾和胃的功效。延庆葡萄中含有钙、钾、磷、铁等矿物质，还含有多种维生素以及人体所需的氨基酸，常食葡萄对于神经衰弱、过度疲劳都有缓解的功效。如果把延庆葡萄制成葡萄干，糖和铁的含量会相对高，因此是妇女、儿童和体弱贫血者的滋补佳品。

延庆葡萄不但具有广泛的药用价值，还可用于食疗，以缓解头晕、心悸、贫血等症状。如果每日能适量饮用以延庆葡萄酿造的葡萄酒，那么对缓解这些症状的效果就会更好。另据《居家必用》记载，葡萄汁还具有除烦止渴的功效。现代医学研究表明，葡萄更是具有防癌、抗癌的作用。

随着人们保健意识的增强和消费观念的转变，越来越多的人会喜欢上葡萄汁、葡萄酒，这使葡萄系列产品从水果和饮品变成了味美多效的营养品和保健品，其价值也在不断提升。

（二）延庆区文化遗产——延庆旱船

延庆旱船是北京市的汉族民俗舞蹈，历史悠久，民间旱船舞蹈在当地名声远扬。根据延庆地方史志记述，延庆旱船产生于400年前的明代。在明代，有大量的江淮贬谪官员到延庆定居，他们开阔的眼界和深厚的学识对当时的文化发展影响很大。延庆旱船除了在“文化大革命”期间停止演出之外，一直留存至今，其对于当地文化活动的影响十分深远。延庆旱船在每年的正月十五前后三天聚众表演，其场面十分壮观。

延庆旱船表演分为一只船（由双人驾，俗称大船）、三只船、九只船和多只船。这是延庆旱船表演在漫长的历史中不断创新和不断发展的结果。在延庆旱船的表演套路上，主要以不断出现的“圆”为基础的套路，再加上以各种“葫芦”命名的多种套路。

延庆旱船伴奏的音乐曲牌都是喜庆热烈，以唢呐、笙、大鼓、大镲、小镲、大铙、小铙为主要的伴奏乐器，可以烘托热闹的节日气氛和喜庆气氛。

延庆旱船的表演方式集文学、绘画、音乐、舞蹈等艺术形式为一体，具有很高的民间艺术和审美价值。其特点表现在三个方面：首先是道具造型独特，作为道具的延庆旱船，在清朝就已经制作得很精致了，不仅用料考究，而且做工也十分精细，船顶、船柱、船座都是精雕细作；其次是延庆旱船的表演风格欢快热烈，表演套路很多，据老艺人们讲，其表演有四大特点，一快、二稳、三漂、四转，其中以“稳”最为重要，即稳中求快、求漂，在稳中旋转，在旋转中较量“稳”的功夫；第三是音乐伴奏独特，音乐伴奏是延庆旱船表演的半台戏，旱船表演时吹打乐伴奏风格独特、热烈非凡，乐队以大鼓作为乐曲的指挥、以唢呐作为乐曲的领奏。

延庆旱船几百年来深受当地人民群众的喜爱，持续数百年传承不息，而且在传承中得到了不断的创新、发展和提高。总之，延庆旱船有很高的民间艺术文化价值，它的产生和发展对于我们今天研究汉族民风民俗、民间舞蹈、民间音乐、民间绘画、民间工艺等都具有很高的参考价值。

（三）交通情况以及最佳观光时节

1. 公交车路线

德胜门乘919路公交车、S2线火车到达延庆，换乘延庆到下营的920路公交车前黑龙庙站下车，向南走300米即可到达。

2. 自驾车路线

由北京走京藏高速，由康庄出口出高速，之后经康张公路到张山营镇政府，向西200米十字路口左转，向南500米经过高速桥和铁路桥，再前行200米右转，即可到达前黑龙庙千亩有机葡萄种植基地。

3. 休闲观光的最佳时节

到延庆休闲、观光、采摘和游览葡萄景区的最佳时间为每年的8月到10月中下旬。

图书在版编目（CIP）数据

北京地域特色农产品集萃/邓蓉等著．—北京：中国农业出版社，2016.6

ISBN 978-7-109-21582-5

Ⅰ．①北…　Ⅱ．①邓…　Ⅲ．①农产品—介绍—北京市　Ⅳ．①F724.72

中国版本图书馆CIP数据核字（2016）第077210号

中国农业出版社出版

（北京市朝阳区麦子店街18号楼）

（邮政编码 100125）

责任编辑　姚　红

中国农业出版社印刷厂印刷　　新华书店北京发行所发行

2016年6月第1版　　2016年6月北京第1次印刷

开本：720mm×960mm　1/16　　印张：7.75

字数：122 千字

定价：55.00 元